経営者と語り合える事業性評価

推進ハンドブック

滝川 秀則 ▶著

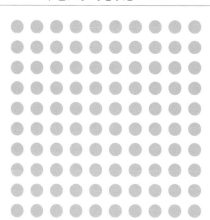

ビジネス教育出版社

はじめに

　私は、金融機関の方々向けを中心に法人営業力強化研修やマネジメント研修など、さまざまなテーマで研修を行っておりますが、①25年間の金融機関の経験に基づく金融機関視点と、②中小企業に対する経営コンサルティングを通じた経営者の視点という2つの視点から経験談を交えて講義をさせていただいており、お蔭さまで大変好評をいただいております。

　そのなかでも、最近ご相談が多いのが、本書のテーマでもあります法人営業力強化にかかわる研修になります。

　平成26年に金融庁が策定した金融モニタリング基本方針の中で「事業性評価」という言葉が使われ、その後金融機関の方々からこの言葉を聞く機会が増えましたが、残念ながら私の所感としては、その後金融庁から示された「金融仲介機能のベンチマーク」の数字を達成することが目的化してしまい、本来求められるべき「お客さまの課題に真摯に向き合う」という姿勢が十分に浸透していないのではないかと感じています。

　また、各金融機関では独自の事業性評価シートを作成して企業実態の把握に努めておられますが、これも現場においては、作成することが目的化してしまい、お客さまの課題を拾い上げるまでに至っていないように思えます。

　そうした中で、昨今、「どうしたらお客さまのニーズを拾い上げることができるのか」「事業性評価の実効性を高めるためにはどうすればいいのか」、若い担当者の方からは、「お客さまのところに伺っても何を話していいかわからない」「2回目の訪問のハードルが高い」といった相談を受けることが多くなっております。

　そこで、本書では、そうした悩みを解消いただくために、私の知識や経験を余すことなくご紹介させていただくことで、少しでもみなさまのお役に立つことができればと思い、筆を執らせていただきました。

本書の構成は、まず第1章で担当者としての「基本姿勢」について解説いたします。技術的な「how to do（どのようにすべきか）」ではなく、お客さまとの向き合い方である「how to be（どうあるべきか）」について、具体的な事例も交えながら解説しております。

　第2章では、経営者に焦点を合わせて、「経営者の資質を判断する50の視点」について解説していきます。これは私がこれまでにお会いした経営者の方々の中で、成功された方、失敗された方の特長を分析して50の項目にまとめたものになります。第3章では、「経営者との対話の切り口」として、経営者に信頼を寄せていただくために留意していただきたいコミュニケーションのあり方などについて、事例を交えてご紹介しております。第4章では、「事業性評価推進を実践するための定性的視点」として、企業を俯瞰的に捉えるための5つの視点という切り口から、具体的なチェック項目を解説していきます。第5章からは財務の視点となりますが、まず「財務分析の基本」として、財務3表の勘定科目の意味、ルールなどについて解説した後で、損益計算書と貸借対照表からキャッシュフロー計算書を作成する手順を解説していきます。実は、多くの法人営業担当者の方が、勘定科目の理解が不十分であったり、誤解されているほか、キャッシュフロー計算書の重要性を認識せずに、その作成手順を完全には理解されていないように感じています。ここで解説することは、基本的なことではありますが、しっかり理解していただかなければ実態把握に支障を来しかねない重要なところですので、理解度チェックのためにも是非お読みいただけばと思います。

　第6章では、「決算書の読み解き方」として主要な分析指標をご紹介するとともに、単年度分析、時系列分析、他社比較分析のポイントをご説明したうえで、ケーススタディを交えて理解を深めていただきます。第7章では、「財務3表から課題を引き出す」として、2つのケーススタディにおいて、課題に導くプロセス・考え方を臨場感を高めるための疑似対話を使って、よりリ

アルに感じていただくようにしております。第8章では、「定性、定量分析から戦略を引き出す方法」として、人口に膾炙しているSWOT分析を精緻化するフレームワークをご紹介したうえで、クロスSWOT分析に展開して戦略を考える手法を解説するとともに、ケーススタディを通じて学びを深めていただく内容となっております。第9章では、「ステージ別（創設期、成長期、安定期、衰退期）アプローチ視点」として、企業のライフサイクルに応じた金融機関としてアプローチ視点について、これまで手薄であったポイントについて解説しております。

　第10章では、私が考案した「中小企業の課題を引き出す100のチェックシート」をご紹介するとともに、その有効な活用方法について解説しております。

　内容は、以上になりますが、本書は若手の担当者だけでなく、ベテランの担当者や指導者の方々にもご活用いただけるように工夫を凝らしておりますので、是非、自身の学びだけでなく、指導者としての立場からもご活用いただければ幸甚に存じます。

　また、経営者の方々にも是非お手に取っていただき、ご自身の経営者としてのチェックツールとして、また自社の課題整理のためにもご活用いただければ幸いです。

　最後に、本書を手に取っていただいた読者のみなさまにとって、法人営業を心から楽しんでいただけるきっかけとなり、真の事業性評価推進に繋げていただけることを切に願っております。

滝川秀則

目　次

はじめに

第1章

事業性評価推進を行うための基本姿勢

金融機関職員の あるべき姿勢

金融機関の存在意義（使命）とは何でしょうか。私は

①安定した資金吸収機能をベースとして、地域の安定・成長に資する適正な与信を提供することにより、**地域における円滑な資金循環モデルを構築すること**

②金融機関のリソース（自行庫の提供する金融商品等のサービス、連携先・顧客ネットワーク、顧客データ、人財、知財等）を最大限に活用し、地域や顧客の抱える問題（潜在的なものを含む）に対して**最適なソリューションを提供すること**

③地域の人々、企業、行政等との長期的かつ強固な信頼関係を構築し、盤石な信用基盤のもとで、**地域の成長・発展に向けた中核的役割を担うこと**

であると考えています。

　簡単に言えば、**「地域の抱える問題に常にアンテナを張り巡らして、その問題解決に向けて全力で取り組むことにより、地域の安定と成長を支援する唯一無二の存在であり続けること」**です。

　ところで、みなさんの金融機関はこうした存在になりえているでしょうか。

　ほとんどの金融機関は、ビジョン（企業の目指す姿）、経営理念（企業の拠って立つ信念、哲学、姿勢）、使命（企業が責任をもって成し遂げようと考えている任務）、行動指針（ビジョンや経営理念を実践するための行動基準、あるべき行動姿勢）等を定めていますが、これが行庫員すべてにおいて励行されている金融機関はほとんどないと言っても過言ではありません。

　これらのメッセージは、金融機関としてのトップメッセージであり公式な宣言、約束です。

　つまり、それぞれの行庫員は、この言葉をしっかり噛み砕いて自らの意識、思考、行動において、これらのメッセージに則した姿勢を貫いているのか、常に意識しなければなりません。

　たとえば、地方銀行最大の規模を有するふくおかフィナンシャルグループ（FFG）の例を挙げてみましょう。

> 【グループビジョン】　「あなたのいちばんに。」の実現へ
> 【グループ使命】　　　銀行の枠組みを超え、地域を元気に、豊かに
> 【グループ経営理念】ふくおかフィナンシャルグループは、「高い感受性と失敗を恐れない行動力を持ち、未来志向で高品質を追求し、人々の最良な選択を後押しする」、すべてのステークホルダーに対し、価値創造を提供する金融グループを目指します。

と定めています。

　グループビジョンの「あなたのいちばんに。」には、**「お客さまのいちばん身近にいたい、いちばん頼れる存在でありたい、期待に応えるためにいちばん先を行く銀行でありたい」**という想いが込められています。

　グループ使命の「銀行の枠組みを超え、地域を元気に、豊かに」とは、**「銀行という組織や機能にこだわることなく、グループ企業、提携先、取引先などの銀行の関係するネットワークの力に加え、自身の知見や人脈などをフルに活用することで、地域活性化に向けた行動を実践していくこと」**であり、それが銀行としての存在意義であるということではないかと思います。

　グループ経営理念の言葉である、

　【高い感受性と失敗を恐れない行動力】とは、「様々な情報や世の中の動きに**いつも好奇心のアンテナを張り**、敏感に反応できる感受性と、様々な場面で失敗を恐れず行動を起こす**チャレンジ精神を常に磨くこ**とです。」

　【未来志向で高品質を追求】とは、「意識をいつも少しだけ未来に置きながら、着実に進化させる。人々の役に立つための真に良い商品やサービスを**最良のマナーで提供すること**がFFGの使命です。」

　【人々の最良な選択を後押しする】とは、「お客さまやパートナーと**共に考え、悩み、選択のための後ろ盾となること**が、FFGの目的であり、存在理由です。」という思いが込められているのだと思います。

　つまり、FFGの行員の方々は、この宣言に対する責任を重く受け止めるとともに、**「具体的にどういう行動等を実践しなければならないのか」**常に自省を繰り返しながら、日々の業務に向き合うことが求められます。

事業性評価推進における
基本姿勢

　私は、多くの金融機関で法人営業推進にかかる研修を実施していますが、まず最初にお伝えしていることが以下の言葉です。

　「知識（学び）と経験は金融機関職員にとって必要条件である。しかし、必要十分条件ではない。なぜならば、高い知識、経験を有していても、ビジネスの成果には繋がらないからである。必要十分条件を備えるためには、ビジネスを成功裡に収めるための**真の解決力が必須である**。そのためには、**金融機関職員としての矜持をもって、高い人間力、顧客が心から信頼する課題提示力を常に実践すること**である。金融機関業務が**"自利利他"**を標榜するサービス業の最たるものでることを忘れてはならない。」

　つまり、言い方は厳しいかもしれませんが、バブル崩壊以降の逆境の環境が続く中において、頭がいいが故に、利にさとく、"我利我利"を追求する傾向が見られた過去の金融機関から脱却し、真の姿を取り戻してもらいたいとの私の切なる思いを込めた言葉です。

　では、具体的にどういう姿勢が求められるのでしょうか。

(1) 顧客を発展させたいとの思いを抱く

　金融機関の発展は、地域あってのものです。金融機関がひとり勝ちするような環境はあり得ません。つまり、地域との共存が絶対条件であり、そのためにも地域経済のカギを握る地域に拠点を有する企業の成長への思いを持つことが第一です。

　その姿勢は、まさに**顧客視点を捉える**ということになります。

　残念ながら、いまだに金融機関視点、自行庫ファーストの考え方が

抜けきれていない職員を多く見かけるのは残念です。

　恐らく、業績目標という数値目標に囚われ、無意識にそうした行動をとっているのだと思いますが、それがどういう結果になるかは火を見るよりあきらかです。

　顧客は分かっているのです。しかし借入という資金調達を行っている立場としては、その調達パイプである金融機関に対して強い姿勢を示すことは事業存続に影響が出かねないとのリスク認識から沈黙を貫いているだけであって、本心では憤りを感じているのです。

　もし、業績が回復し、他行庫からの攻勢が強まれば、最初に捨てられるのはその金融機関です。

　たとえば、業績不振に陥った取引先に対して、「頑張って売上に繋げてくださいよ。担当者として困るんですよ」「業績環境が厳しいことは分かっていますが、ちゃんと利益を確保してくださいよ。でないと当行庫としても対応できませんからね」といった発言をしていませんでしょうか。

　これは、まさに金融機関の立場で取引先を責めている姿勢です。

　そうではなく、「頑張って売上に繋げていきましょう。社員の方々のモチベーションにも繋がりますし、我々としてもサポートさせていただきます」「業績環境が厳しいことは分かっていますが、企業としての存在意義を示すためにも利益を確保するためにあらゆる努力をしてください。我々もできる限りのアドバイスやご支援をいたしますので」と言えれば、これは企業の立場に立った発言だと思いませんか。

　私は、研修で**「お客様を恋人と思いなさい」**と口を酸っぱくして言っています。

　あなたが、恋をした人を振り向かせたいと思った時、どういう行動をとるでしょうか。

　「この人はなにが好きなのかな？」「この人に気いられるためにはどういう振る舞いが求められるのだろうか？」「この人が恋人になったら、どんなことをしようかな？」と思いを巡らせるはずです。また、

恋人には、いつまでも若々しく元気でいてほしいと願うはずです。

まさに、同じなのです。

「顧客は何を求めているのだろうか」「顧客に喜んでもらうためにはなにをすべきなのか」「顧客が成長してくれれば我々金融機関にとってどんなビジネスが展開できるだろうか」と思いを巡らせることになるはずです。

また、そうした姿勢は必ず相手に伝わります。

(2) 顧客に関心を持つこと（旺盛な好奇心を示す）

(1)にも通じることですが、とにかく顧客に関心をもってください。

関心の度合いが高まれば、見た目も変わってきますし、会話の内容も大きく変わってきます。

関心が高くなれば、

①顧客を知りたいという想いが強くなる

②顧客に関するあらゆるものへの観察力が高まる

③顧客に対する質問力が高まる

ことになり、自然と「真摯な態度・言葉」として現れます。

ちなみに多くの経営者は百戦錬磨の**「人を見る達人」**です。

もしみなさんが邪な気持ちで経営者と向き合っていれば、その心は読まれていると思うべきです。

私も経営者として多くの金融機関の方々と面談をしてきていますが、残念な気持ちにさせられたことは幾度もあります。

名刺交換をした矢先に、自行庫の説明から始まり、セールス商品（サービス）の説明をされて、「いかがでしょうか」といったまさに直球営業です。

この姿勢をみて、私は「弊社に関心はなさそうだな」「とにかく商品を売りたいだけだな」

という印象を抱き、一応「検討します」と申し伝えてお帰りいただき

ます。

　勿論、2度とお会いすることはありませんし、いただいた資料はすべてゴミ箱行きです。

　ちなみに、若手の営業担当者の研修で多く聞こえてくるのは、「1度目の面談はできるが、2度目の面談が難しい。」という声です。

　もし、こうした営業を行っていれば、当然の結果だと思います。

　では、顧客に関心をもって接すれば、どう変わるでしょうか。

　まず「顧客を知りたい」と思えば、様々な質問をしたくなるはずです。

　社名の由来、起業の経緯、過去の経歴、業務内容など。

　また、「観察力」が高まれば、オフィスにある様々なものに目が向くはずです。

　弊社には絵、カレンダー、書籍など様々なものを飾っていますが、そこにあるものは**「私の思いいれのあるもの」**ばかりです。

　つまり、それらに話題を振ってみればいいのです。（事例は後述）

　そうすれば、いろいろな角度から質問ができますよね。

　「なぜLTCBネットワークスという会社名なのでしょうか。」

　「オフィスに飾られている絵は素敵な絵ですね。」

　「社長の会社の業務についてお聞かせいただけないでしょうか。」など。

　「思い入れのあるもの」に話題を振られれば、自然と話は弾みます。

　そうすれば、社長の気分も高揚して、結果的に話を聞く態勢になってくるのです。

　また、ある生命保険会社のトップセールスマンの話ですが、「私は初回の面談では一切営業のお話はしないのです。当然ながらパンフレットなどは持参しません。なぜなら、相手のことを知らないからです。まずは、相手の話をじっくり伺った上で、何が必要か具体的な提案ができる段階になってから営業を行います。そうすることで、最初は面談に消極的だったお客様方からも好意的に接していただくことになり、

その後、継続的に面談の機会をいただく中で、喜んでいただけるご提案に繋げさせていただいています。」と。

　私は、これこそが今の金融機関の担当者に求められる「営業推進のあるべき姿勢」であると思います。

(3) 問題解決思考を意識する

　では、具体的にどういう行動が求められるのでしょうか。

　顧客は完全完璧な状態であることはあり得ません。必ずなにか課題を抱えています。

　しかし、それは本人も気づいていないことがあります。

　当然、みなさんも当事者ではありませんから、課題を捉えることは至難の業です。

　では、どうすればいいのでしょうか。

　キーワードは**「質問力・傾聴力」**と**「仮説設定力」**です。

　「ジョハリの窓」という言葉をご存じでしょうか。

　これは人間関係を円滑にするための分析モデルの1つで、コミュニケーション心理学や健康心理学などで頻繁に利用されているものです。

　図表1を見てください。

　自分を取り巻く世界を、①自分も他人も知っている世界（開放の世界）、②自分は知っているが他人は知らない世界（秘密の世界）、③自分は知らないが他人は知っている世界（盲目の世界）、④自分も他人も知らない世界（未知の世界）に分類することで、自己認識のズレに気づきを与え、コミュニケーションを円滑にするためのツールです。

　この枠組みを顧客視点で見た場合、自分を顧客、他人を金融機関に置き換えることができます。

　①は、顧客も金融機関も認識している世界になります。たとえば、

図表1　顧客視点で見たジョハリの窓

	自分（顧客）は知っている	自分（顧客）は知らない
他人（金融機関）は知っている	①開放の世界 自行庫の武器を知り、顧客と共有することで、このラインを押し下げる 事前調査（HP等）を踏まえた質問力でこのラインを押し下げる	③盲目の世界
他人（金融機関）は知らない	②秘密の世界 分析と仮説設定力でこのラインを押し下げる	④未知の世界

定期的に発生する集金業務、毎年継続的に発生している借入、開示されている情報などが挙げられます。

　②は、顧客は認識しているものの金融機関は認識していない世界です。たとえば、顧客が金融機関に開示していない情報で、会社が抱えている問題の中で財務情報としては反映されていない事象などが挙げられます。

　③は、金融機関は認識しているものの顧客が認識していない情報です。たとえば、金融機関が独自に有する顧客情報や顧客が認識していない金融機関の商品サービス情報などが挙げられます。

　④は、顧客も金融機関も認識していない情報です。たとえば、顧客の顕在化していない問題や金融機関の非取引先が取り組んでいる未公開情報などが挙げられます。

　職員の方々が取り組むべき順序は、①⇒③⇒②⇒④となりますが、その難易度は高くなってきます。

　新規アプローチ先であれば、①はホームページ等で開示されている情報です。

　ただ、①が実は非常に重要になります。なぜなら、新規取引先であれば、場合によっては事前に入手できる唯一の会社情報であり、問題・課題の糸口になるからです。

　まずは、この①をつぶさに確認して、会話のきっかけになるものがないか整理することが重要です。

　たとえば、ホームページに製品情報があれば、その製品を話題にできないか？　その製品に接点がないかといった視点で会話の種を拾っていくのです。

　そうして、顧客の情報を拾い集めたうえで、何か問題がないか、課題が見えてこないか、自分なりの仮説を立てていくことになります。

　次に③です。これは、自行庫の金融商品、サービス、本部機能、グループ会社機能、顧客ネットワーク等自行庫で解決できるツールについて熟知をすることです。

　自身の金融機関の提供できるサービスを把握できていない営業担当が、たとえ①による課題を引き出したとしても、適切なソリューションの提案に繋げることはできません。

　できれば、自行庫でしか取り組めないサービスや特筆したツールがあるかどうか、他行庫の情報も踏まえて整理できているとより効果的な提案に繋げることができるはずです。

　そして②です。これは、①を踏まえつつ、的確な質問に繋げていくことで、②の面積を小さくすることができます。

　①からさらに踏み込んだ質問をすることで、見えてこなかった景色が現れることに繋がります。この時、顧客が口にする言葉が、**“実は……”** です。

　たとえば、HPの沿革を見て、本社工場の竣工時期が50年前であったとしましょう。

　皆さんはどういう仮説を立てるでしょうか。

> **（仮説）**
> 　50年経過しているとすれば、かなり建物は老朽化しているはず。構造上の問題もでてくるのではないだろうか　⇒　建て替えを検討していないだろうか
> **（仮説に伴う質問）**
> 「貴社のホームページを拝見したところ、本社工場の竣工時期が50年前のようですが、構造上の問題など出てきていないのでしょうか。」
> **（社長からの回答）**
> **「実は、そうなんだよ。** なかなか踏み切れないんだけど、工場長からもそろそろ対策を講じてほしいと強く言われているところなんだ。」
> **（提案）**
> 「もしよろしければ、工場建て替えにかかる融資についてお手伝いできませんでしょうか」

と話を展開することが可能になります。

　最後に④です。これは、かなり高度なスキルが要求されますが、これこそが金融機関職員としての醍醐味です。

　これは、顧客も気づいていない事象ですので、ここにフォーカスした提案をすると、相手から出てくる言葉が、**"なるほど……確かにそうかも……"** です。

　たとえば、あなたが、ある雑誌でふと次のような記事を目にします。
『コロナ禍の中、大手飲食チェーン店が宅配に進出』
あなたの新規アプローチ先に地元の飲食店があったとしましょう。
　できる担当者の基本条件は、
　①情報に敏感であること、②あらゆる情報を顧客と紐づけできることです。
　この情報を踏まえて、「新規アプローチ先のA社も検討すべきではないか」との仮説を立て、提案をしてみます。

担当者：「本日の新聞で、このような記事がでていましたが、貴
　社でも検討される余地はないのでしょうか」

社　　長：「なるほど。確かにコロナで来店客は激減しているが、
　一方で宅食のニーズは増えているようだからな。タイムリーな
　情報ありがとう。早々に検討してみたいと思うよ。」

担当者：「宅配進出に際して、お手伝いできることがあれば是非
　ご相談ください」

と話が展開することになるかもしれません。

　その場合、すぐにビジネスに繋がらなくても、こうした有用な提案
に対して、社長は必ず何かの形で恩返しをしなければと思うはずです
（心理学用語で返報性の原理といいます）。

　②については、徹底した事前調査、それに伴う適切な質問力、そし
て傾聴力が問われます。

　④については、あらゆる情報に対する感度の高さと、徹底した分析
力に基づく仮説設定力が問
われます。

　分析力については、新規
アプローチ先など、財務
データが不十分であった
り、情報が限られている場
合には限界がありますが、
既往先やそうしたデータが
入手可能な状況であれば、
過去の時系列データや他社
比較データに基づく財務分
析や定性的な情報のヒアリ
ングから仮説を設定するこ
とは可能です（詳細は後述）
（図表2）。

図表2　仮説設定へのアプローチ

尚、問題解決思考で誤ってはいけないことがあります。

それは、**すぐに方法論に飛びつかないこと**です。

たとえば、財務データを時系列で並べてみた際、ここ数年の売上が低迷していることがわかったとしましょう。

そこで、担当者は、「当行庫ではお客様同士のビジネスマッチングを定期的に実施していますので、是非参加されてみてはどうでしょうか」と提案をしました。

皆さんはこのアクションをどう評価されるでしょうか。

これは、まさに方法論に飛びついた典型的な事例です。

顧客の課題が、まさに販売ルートの確保であったとすれば、もしかすると成功を収めるかもしれませんが、ここに欠けていることは、**原因分析の欠如**です。

つまり、「なぜ売上が低迷しているのか」というその本質的原因を捉えていないからです。

図表3　問題解決のプロセス

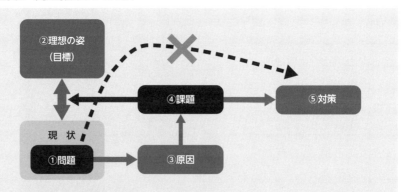

① 現状抱える問題を発見する
② ①についてどうあるべきか（どうありたいか）を定義する
③ 問題の原因を追究する
④ 問題の原因を踏まえて何をすべきか（課題：理想の姿と現状のギャップ）を特定する
⑤ 課題を踏まえて具体的な対策を考える

　もし、顧客の売上低迷の原因が、商品性の問題に起因するものであったとしたらどうでしょうか。

　たとえビジネスマッチングをしても売上低迷の解決にはなりません。

　その場合、商品設計を再検討することが問題解決に繋がることになりますから、まずは市場調査やアンケート等による消費者の評価を踏まえ、どこに課題があるのかをしっかりと分析することが求められます。

　これらを解決することができた上で、販売ルートの確保が課題であると認識されたならば、ビジネスマッチングの提案は大きな成果に繋がる可能性が高くなります（図表3）。

(4) 過去に囚われず現状を認識し将来を俯瞰する

　金融機関の職員の傾向として、財務的視点が優先してしまう傾向があります。

　これは、過去に囚われる傾向を意味します。

　なぜならば、**財務データはすでに過去の数字**だからです。

　決算書は、決算時点での財務状況を示したものですが、早くても開示されるのは２か月後です。つまりすでに２か月前の状況であり、今の状況を映し出したものではありません。

　確かに過去の財務状況から顧客の実態傾向を判断することはできますが、事業を継続している生きた企業は日々変化しています。

　また、財務データはあくまでも数字に現れた結果であって、企業の実態すべてを正確に反映したものではありません。

　ですから、"今の状態がどうなのか"、"これからどうなるのか"という視点がなければ、実態を把握しているとは言えません。

　では、どうすればいいのでしょうか。

①財務データによるこれまでの顧客の経過状況を数字という視点で把握する

②現状がどういう状況なのか定性的な実態を把握する

③企業の置かれている環境を踏まえ将来どのような変化が予想されるのか想定する

ことです。

たとえば、決算書においては素晴らしい財務状況であったとしても、潜在的な問題が現時点では表面化していない可能性もあります。

また、決算書では厳しい結果であったとしても、今後大きく飛躍する技術やノウハウを構築してきている可能性もあります。

そのためには、**財務データには現れていない実態を把握する必要**があります。

つまり、後述する定性的な視点を俯瞰的に捉える必要があります。

また、今後の環境変化によって急激に状況が変化する可能性もあり、その兆候を推測して客観的に見極める必要があります。

(5) 顧客の立場で顧客を見つめる

金融機関の担当者は、「この顧客は優良な企業なのか」「この顧客と取引をすれば稼げるのか」といった視点がどうしても優先してしまう傾向にあります。

金融機関の立場からすれば、それも理解はできますが、それは自行庫のビジネスを前提とした視点であり、顧客本位のスタンスではありません。

金融機関の視点が強くなると、①財務状況がどうなのか、②取引の採算性はどうなのか、③取引拡大が見込めるのか、④他行との取引状況はどうなのか、といった打算的な思考が支配してしまいます。

では、顧客の視点とはどうあるべきなのでしょうか。

私も経営者の1人ですので、経営者がどういうことを常に考えているのかはみなさん以上に理解しているつもりです。

経営者の最大の課題は、**「売上を上げること」**です。

　つまり、売上向上に直結するアドバイスや支援は経営者にとって喉から手が出るほどありがたいのです。

　そして、**「資金繰りを安定させること」**です。

　利益を上げることも重要ですが、資金繰りが安定してなければ、最悪の場合倒産してしまう可能性もあることから、手元キャッシュが潤沢であるかどうかは常に意識をしています。

　この２つを最重要課題として、「経費の削減」「社員の定着」「社員の育成」「体制の整備」「新規事業・商品・サービスへの取組」など、中長期的な事業継続に繋げるための課題に取り組んでいるのです。

　これら経営者の視点を自分が求められる視点であると認識して、「どういうことが今大きな課題になっているのか」を客観的に把握して、それに則したアドバイスを行うことができれば、顧客満足度は飛躍的に高まりますし、結果としてみなさんの金融機関の差別化にも繋がってくるのです。

(6) 結果を焦らない（長期的視座に立って向き合う）

　担当者の立場としては、与えられた目標を達成するために、どうしても数字という結果を求めたくなります。

　但し、ものごとにはタイミングというものがあります。

　たとえ素晴らしい提案であったとしても、喫緊の課題に対処するものでなければ、すぐに結果に繋がらないこともあるでしょう。

　しかし、顧客の課題に沿った提案であれば、必ず時間の経過の中で実を結ぶことになるはずです。

　樹木に例えると、まだ実が育たない幼木の段階で焦って果実を刈り取ろうとすると、結果的に樹木の成長は止まり、長期的に安定した果実の収穫は見込めなくなります。

　企業は成長すればするほどに大きな資金需要や、課題に対処するためのソリューションの機会が増えてきます。

　担当者としては、とにかく愚直に顧客の課題に向き合って、でき得る限りの提案を継続することで、相互信頼というパイプが徐々に太くなり、いずれ貴行庫に大きなビジネス機会を提供してくれるはずです。

　もし、事を焦り、自行庫の数字獲得のために「お願い営業」的な無理強いをすると、その場では成果が獲得できるかもしれませんが、これまで築きあげてきた信頼のパイプは大きくしぼんでしまう結果になりかねません。

　「金融機関の使命」を常に念頭に置いて、自分よがりの営業にならないように留意をすることが肝要です。

3 頼りたいと思える 担当者とは

　顧客から絶大な信頼を得る行庫員になるために、是非心がけていただきたいことをお話ししたいと思います。

(1) 事前準備を怠らないこと

　できる担当者はしっかりと事前準備に時間をかけています。

　最近では、中小企業においてもホームページを作成している会社が多く見受けられます。

　新規先に限らず顧客との面談に際しては、必ずホームページに目を通しておくことで面談の濃度が大きく変わってきます。

　ホームページには、社長挨拶、経営理念、会社概要、沿革、設備一覧、製品・サービス情報、トピックス、採用情報など、企業によって記載されている情報ボリュームは異なりますが、概ねこうした情報が掲載されています。

　これらに一通り目を通すことで、さまざまな質問事項を準備することができます。

（例）

- 社長挨拶のなかで、心に残るコメントがあれば、その思いを訊ねてみる
- 経営理念やビジョンに託された思いを確認してみる
- 沿革における転換点となったイベントはないか（拠点拡大、海外進出、工場建設など）
- 本社、支店、工場などの拠点情報からそれぞれの立地、人員、規模などを訊ねてみる

- 設備情報から設備の特長や機能について訊ねてみる
- 製品・サービス情報から、その特長や主要取引先などを訊ねてみる

  また、身近なものであれば、訪問する前に接してみる（食品であれば食してみる）
- トピックスに気になる情報があれば、詳しい内容を確認してみる
- 採用情報に掲載されている情報から、求める人材像や現状の社員の定着状況などを確認してみる

　更に質問に対する回答に対して、感想などを言えると、相手にとって好印象を与えることになり、より効果は高まります。

　また、営業ツールではなく、ホームページ等で確認した会社情報を踏まえて、関係しそうな記事（新聞、雑誌など）、金融機関の情報冊子、市場動向、最近のトレンド情報などをお土産として持参することも効果があります。

　ただし、ただ資料を手交するのではなく、一言自分の意見を添えることで相手の印象は大きく変わります。

(2) ポジティブ思考であること

　金融機関の職員に限らず、多くの人はどちらかというとネガティブ思考になりがちです。

　思考の80％はネガティブ思考であり、世の中の情報も70％はネガティブ情報だと言われており、どうしてもそれに引きずられてしまう傾向があるのでしょう。

　しかし、日常において様々な課題に取り組まざるを得ない経営者としては、ネガティブな思考を受け入れていては前に進めなくなります。

　ですので、無意識にネガティブ思考の人は遠ざけて、ポジティブ思考の人を引き寄せようとする傾向があります。

特に金融機関の方々は、無意識に審査的目線が強くなる傾向があり、評論家的な否定的思考傾向がみられやすいことから、常にポジティブ思考を意識することが必要です。

「それは無理ですよ」ではなく、「なにかやり方があるかもしれません」、「それはやる意味がないです」ではなく、「やってみてから考えましょう」といった風に何事もまず受け入れる姿勢です。

また、ポジティブ思考の人は、自然と**「笑顔」**になり、表情も豊かになります。

笑顔は相手の心を和らげる効果がありますので、笑顔の人には自然と人も集まります。

(3) 高いコミュニケーション能力

コミュニケーション能力の高い人は、言葉の使い方が巧みであり、説得力が高くなります。

当然ながら、スムーズな会話が成立することから、時間の経過も気になりません。

では、どうすればコミュニケーション能力を高められるのか。

その答えは、**「①小説に親しむこと」「②質問力を高めること」「③傾聴力を高めること」**です。

①小説に親しむこと

みなさんは月に何冊程度の小説を読まれているでしょうか。

さまざまな研修でこの質問をすると、ほとんどの受講者が小説を読んでいないことに愕然とさせられます。

なぜ小説に親しむことが重要かというと、小説は言葉を操るプロが書いているものだからです。小説以外で効果的な会話力を高める方法はありません。

みなさんも一度は小説を読まれたことがあるかと思いますが、思い

出してみてください。

　読み進むにつれて、どんどんその情景が浮かんできて、まさにその主人公になったような錯覚に囚われたことがないでしょうか。

　巧みな言葉の選択力、多彩な表現力、流れるようなストーリーの構築力、絶妙な対話の構成力など、小説を読むことによって、こうした能力が徐々に育まれるのです。

　私はこれまでにロールプレイング研修を若手の行庫員の方々を対象に何度か実施したことがありますが、小説愛好者とそうでない人の間に、コミュニケーション力だけでなく、**多様な場面に対する対応力にも明らかな差**がでることを実感しています。

②質問力を高めること

　これは、先の「問題解決思考を意識する」でお伝えしましたが、質問の精度如何によって、情報収集力に大きな差がでてきます。

　では、どういった質問を行うべきなのでしょうか。

　キーワードは、**「コーチング」**です。

　コーチングは、コミュニケーション手法のひとつですが、質問力を高める上で非常に有効な方法になります。

　決して難しいものではありません。

（コーチングの手法）

1．オープンクエッション（5W1Hで質問を行い、回答に制限を設けない質問方法）

2．クローズドクエッション（YES、NOで回答を求める確認のための質問方法）

3．考えを深める質問

　①　未来を予測させる質問：ex.社長は5年後どのような会社にしたいですか

　②　リソースを引き出す質問：ex.過去に同じような苦労はされ

ませんでしたか
③　視点を変える質問：ex.社長がもしお客様の立場だったらど
う思うでしょうか
④　意味を明確にさせる質問：ex.もう少し詳しくお聞かせいた
だけませんか
4．提案・リクエストに繋げる（ex.こんなことをやってみてはど
うでしょうか）

　1、2、3を織り交ぜながら、質問を掘り下げていきます。（チャン
クダウン）
　最後に4の提案・アドバイスに繋げながら結論に繋げていきます。
　（ちなみに、1の5W1H（Why、When、What、Who、Where、how）
のうち、Whyは詰問口調に捉えられやすいことから、Whatに置き換
えることがベターです）

＜事　例＞
担当者：社長は今どのようなことでお悩みでしょうか。（1
　What）
社　長：実は、最近若手社員が次々と退職していくんだよ。
担当者：それはいつのことなんですか。（1　When）
社　長：つい先月のことだよ。
担当者：貴社の社員は50名でしたよね。そのうちの何名が退職し
　たのですか。（1　How）
社　長：3人もだよ。
担当者：突然なんですか。（2）
社　長：そうなんだ。
担当者：なにか思い当たる節はないのでしょうか（1　What）
社　長：どうも上司がハラスメントまがいのことをやっていたよ
　うなんだ。

担当者：もう少し詳しく教えていただけませんか。（3④）

社　　長：死ねとか、給料泥棒とか言いながら日常的に叱責していたようだ。

担当者：それはまさにパワーハラスメントですよ。これを放置しておくと大変なことになりますよ。一度社員に対してハラスメント研修を実施するほか、相談窓口を設けて適切な対策を急ぐべきではないでしょうか。（4）

社　　長：そうだな。おっしゃるとおりだ。至急対策を考えたいので、相談に乗ってくれないか？

　いかがでしょうか。質問を繰り返すことで、実態が明らかになるほか、原因も解明されました。

　是非、この手法をマスターしていただき、日ごろの営業場面において活用していただければより効果的な引き出しができるものと思います。

032

③傾聴力を高めること

　傾聴力とは、聴く力です。聴く力とは、相手の言葉に積極的に耳を傾け、相手の気持ちに寄り添いながら聴く力です。

　つまり、**相手に焦点を集中させること**が必要になります。

　そのためには、相手を全面的に受け入れ、相手の立場に立って相手の言葉の意味や重みを理解するよう努める姿勢、「共感」が必要です。

　そうすれば、自然と「あいづち」や「うなずき」となって態度に現れます。

　また、相手の言葉を「要約」してみたり、「オウム返し」をすることで、相手に「こいつは私の話に集中しているな、心の温かい担当者だな」と感じさせることができるはずです。

```
<事　例>
社　長：実は数年前に倒産しそうな事態になったんだよ。
担当者：倒産ですか！（オウム返し）　今の状況からは信じられ
　ないですね。
社　長：一番信用していた男が会社の金を使い込んでいることが
　分かってね。月末の決済資金の目途が立たなくなりそうになっ
　たんだよ。
担当者：つまり資金繰り破綻の懸念があったということですか
　（要約）。よくここまで復活されましたね……（沈黙）。その
　時の社長の精神状態を想像すると、いたたまれない気分になり
　ます（共感）。
```

④雑学力を育むこと

　金融機関にかかる業務知識は当然に学びを深めていく必要がありますが、それだけでは単なるお堅いまじめな担当者とみられるかもしれません。

　業務とは離れて、「これだけは他人に負けない」という知識や技術を備えているだけで、担当者としての魅力は断然に違ってきます。

　例えていうならば、**凸型人間**です。

　つまり、幅広い知識・経験を有する中で、ひとつなにか秀でた、あるいは得意とする分野を身に付けている人間です。

　たとえば、スポーツに関する知識（野球、サッカー、マラソンなど）、食に関する知識（栄養、料理、レストランなど）、歴史に関する知識（特定の時代、地域、人物など）、趣味に関する知識（流行の洋服、曲、アイドルなど）、なんでも構いません。

　ふとした会話の中で、これらのテーマが出てきたら臆することなくアピールをしてみてください。経営者もひとりの人間です。また、経営者は非常に探究心が旺盛です。

　つまり、知らない世界についてひときわ高い関心を持っています。

　また、共通の趣味であったならば、お互いの知識を交換する中で、その話題で盛り上がり、距離感を縮める結果に繋がるかもしれません。

　さらに、みなさんのこうした知識を顧客のビジネスに繋げることができれば、それこそ最強の武器になるはずです。

⑤発想力を鍛えること

　金融機関の職員の方々は、無意識のうちにルールや先例といった常識的な発想に囚われてしまう傾向があります。また、世の中は便利な商品で埋め尽くされ、自らアイデアを駆使して問題を解決しようとする思考が弱くなっています。

　ただ、金融環境が厳しい状況下、金融機関の差別化をしていくためには、この発想力が差別化の重要なキーワードになるのではないでしょうか。

　発想力の基本は、常識に囚われないことです。

　「面白い！　あったらいいな！」 が発想の原点になります。

　また、**「本質」** をしっかり捉えることが発想に繋がることもあります。

　「"あったらいいな"をカタチにする」は業歴100年を有する小林製薬のブランドスローガンでもありますが、「熱さまシート」「ナイシトール」「のどぬーるスプレー」など数々のヒット商品を打ち出しています。その基本的スタンスは、「誰も気づいていない問題を掘りこし商品化すること」です。いわゆる **「問題の開発」** と言えるかもしれません。

　決して難しく考えないでください。

　ご自身の生活の中で、ふと「こんな商品があったら便利なのに」「この機能をあの商品やサービスに付加すればおもしろいんじゃないかな」「この業界ではこんなことが流行っているんだ。もしかしたら業種は違うけど、あの会社の業界にも活かせるんじゃないかな」といった思いつきを大切にしてほしいのです。

それを顧客に提案すると、もしかすると大きなビジネスのきっかけになるかもしれません。

また、「本質」を捉えてビジネスの大転換を行った事例として、富士フィルム株式会社が挙げられます。当社は、2000年ごろからデジタルカメラの普及によって最大の収益源であったフィルム市場が大きく減退する状況に晒されましたが、その際、彼らを救ったのは、フィルム技術で培ったナノテクノロジーを化粧品に応用するという発想だったのです。

フィルム製造における当社の技術を棚卸しすることによって、その技術の強み、本質が明確になり、全くこれまでと違った新たな市場を開拓することに繋がったわけです。

是非、新規先、既往先にかかわらず、現事業で悩んでいる先があるようであれば、顧客が有している技術やサービス等の「本質」や「強み」を分析することで、新たなビジネスに繋げる提案をしてみてはどうでしょうか。また、その技術やサービスを全く違った市場と結びつけることで、これまでになかった商品やサービスが生まれる可能性がないか？といった思いを巡らせることも大きなヒントに繋がるかもしれません。

⑥実行力を有していること（有言実行の徹底）

日本電産株式会社を１代で売上高２兆円規模の企業に育てあげた特筆すべき経営者である永守重信氏。（現当社代表取締役会長）

彼はまた、これまでに60件以上のM&A（企業買収）を行いすべて成功させています。

世の中のM&Aが8割失敗していると言われる中で、驚異的な数字です。

彼の経営哲学に「すぐやる、必ずやる、できるまでやる」という言葉があります。

やり遂げる強い意思、覚悟がこの言葉に表れています。

　一言で言えば、**「責任感」**です。

　金融機関の方々には、この言葉を是非実践していただきたいと思います。

　金融機関の営業担当者の方々は、限られた業務時間の中で、顧客訪問、訪問記録の作成、稟議の作成、本部との協議、店内での会議、顧客の事務対応など、様々な業務で多忙な日々を送られていることと思います。

　そのような中で、顧客から相談を受けたことに対して、ついつい適当な対応を取ってしまったり、できない理由を並べて言い訳をしてみたりしていないでしょうか。

　私が以前在籍していた職場で財務責任者をしていた時、ある銀行の方に「こういう仕組みのファイナンスを検討いただけないでしょうか。」とお願いし、「承知しました。」と快く引き受けていただいたことがあります。

　ところが、その後いくら待っても返事がありません。

　しばらくしてその担当者に「お願いしていた件ですが、その後いかがでしょうか」とお尋ねしたところ、「すみません。バタバタしていてまだ手を付けられていないんです。」との返事が返ってきました。

　私は、その担当者に「あれからどれだけ時間が経っているかお分かりですか。もう結構です。ほかの銀行にお願いします。」と言って、電話を切りました。

　これで、その担当者との信頼関係はゼロベースどころか、マイナスの状態になったほか、私はその銀行のカルチャーそのものを疑い、取引を解消することにしたのです。

　金融機関とお客様とは信頼関係で結ばれているわけですから、約束したことは徹底して実行するべきです。もしどうしても難しい場合は、時効の中断を行うべきです。

　その場の安請け合いや、美辞麗句を並べるような担当者は、当然信用などできませんから、結果として経営者も本音を漏らすことは決し

てありません。

⑦クイックレスポンスを心がけること

⑥にも繋がる話ですが、経営者は時間に対する感覚にひと際シビア
です。

多くの経営者は多忙な中で、秒刻みのスケジュールをこなしていま
す。

そのような状況を理解できれば、相手がどういう対応を求めている
かお分かりいただけるのではないでしょうか。

とにかく、回答は速やかに、かつ丁寧にすること。

さらに、想定以上の速さで、かつ期待以上の内容の回答があれば、
それは「感動」に変わります。相手に「感動」を与えれば、みなさん
に対する信用力は格段にアップします。

１週間後にお願いしていたものが、２日後に期待以上の内容で回答
があったとしたら、みなさんはどういう気持ちになるでしょうか。

できる担当者は、時間の価値をしっかり理解しています。

⑧多彩な人脈を形成すること

金融機関の営業担当者の強みは、あらゆる業種の人たちと接点を持
てることです。

接点の多さは、多彩な人脈を形成する素地を有しているということ
になります。

多彩な人脈があれば、自分ひとりでは対応できない事案に対しても、
対処できる確率が高くなります。

特に現代社会においては、時間の流れが速く、想定以上に変化が激
しくなっているなかで、情報や知識に対する専門性がより高く求めら
れることから、それぞれの専門家との人的パイプを有していることが
大きなアドバンテージになってきています。

たとえば、ある社長から課題を与えられたとしましょう。

　もしあなたの専門外であった場合、人脈がなければ、「申し訳ありません。それに関してはまったくノウハウがありません。」「帰って調べてみますので、少々お時間をください。」といった返事しかできないはずです。

　しかし、多彩な人脈をもっていれば、「それであれば、私の知人に○○というその世界に詳しい人がいますので、一度ご紹介しましょうか。」といった形で、課題に対する対処が可能になるかもしれません。

　自行庫の内部の人脈もさることながら、学生仲間、趣味仲間、仕事仲間、顧客ネットワークなど外部の人脈に対して、日ごろからメンテナンスをしっかり行っていれば、すぐに適切な人材を思い浮かべることができるはずです。

　これは、どの金融機関に属するかといった組織に帰属した強みでなく、担当者自身の強みになりますから、経営者にとってその担当者の利用価値は計り知れません。

　また、人脈形成が充実していけばいくほど、さまざまな情報が耳に入ってくる可能性が高くなり、情報・アイデアの集約基地化することで、ソリューション提案力も格段に精度が高まってくるはずです。

 できる
営業担当者とは

　「2．事業性評価推進における基本姿勢」、「3．頼りたいと思える担当者とは」でお話しした内容を実践することで、経営者から一目おかれる担当者になることは間違いありません。

　さらに、これらを実践することで、真の「できる営業担当者」になれるはずです。

　「できる営業担当者」とは、**「最初の面談でその会社や経営者との取引がイメージできる人」**です。

　十分な準備・経験・知識（知）を備え、相手に対して敬意をもって透明な心で向きあい（情）、相手に対して熱い情熱も持って対処しようという思い（意）、を持てば、相手の心を開かせ、相手の等身大の姿を知り、相手が描く将来の姿（ビジョン）をしっかり掌握するとともに、自行庫とどういう関係を構築できるのか、明確なイメージを思い浮かべることができるはずです。

039

▶▶▶ **第2章**

経営者を知ることの重要性

中小企業の事業性は
経営者が 70% を握っている

　中小企業、とくにオーナー企業の場合、事業の決定権は社長がすべて握っているといっても過言ではありません。

　つまり、経営者は組織、事業、資金、投資など、企業の骨組みや血肉をどう形成するかを決定するわけですが、組織形成に大きく影響を及ぼすステークホルダー（株主、取引先、社員）との関係状態は最も重要な要素になります。

　さらに事業における技術、製品、サービスなどの状況、基盤となる資産の状況、財務の状況、組織の状況、企業を取り巻く環境など、将来における企業の姿に影響を及ぼします。

　これらに最も影響を与えるのは経営者になります。

　つまり、「経営者の資質をしっかり見極めること」 が重要になります。

　金融機関の方々は、どうしても数字に表れる財務諸表に目が行きがちですが、財務諸表の数字はこれらの要因が重なり合った結果の姿です。

　また、改めて申し上げますが、財務諸表は過去の数字です。

　確かに財務諸表における損益計算書の売上高が過去に比べて伸び、しっかりと利益が計上されている企業はこれらがうまく機能している証左である可能性が高いと思います。

　また、貸借対照表の自己資本勘定、なかでも利益剰余金が大きい企業は、これまでに着実に利益を計上できる組織体制を持続してきた証左である可能性が高いと思います。

　しかし、たまたま企業の置かれている環境が追い風であった結果である可能性もあり、結果オーライであったかもしれません。

　実は、数字には現れていない重大な問題を内包している可能性も否定できないのです。

　そこで、まず今後の事業継続において経営者が果たして適性を備えているのかどうか、あらゆる角度から冷静かつ客観的に見極めておく必要があります。

　実は、金融機関の方々は多くの経営者と接する機会を持っていることから、人を見る目は養われているはずです。これまでに出会った経営者の中で、成功している経営者はどういう人物像であったか、失敗した経営者はどういう人物像であったかを思い起こしながらバイアスをかけずに見てください。

　決して、企業、経営者の過去の実績に引きずられて、自身の素直な感覚（第６感は重要）を見失わないよう、気を付けることです。

　「経営者の器以上に企業は大きくならない」と言われるように、企業が大きく（良い企業に）なるためには、経営者が器を大きく（品質を高める）することが必要であり、その器の品質を測る指標を下記にお示ししたいと思います。

経営者としての資質を判断する 50の視点

　これからご紹介する 50 の視点は、今後ますますデジタル化やソーシャル化が進展していく中で、それに呼応した形で変革が求められる組織や経営者のあるべき姿を前提として、経営者の資質を判断する視点を列挙したものになります。

　尚、点数はあくまで基準としての点数ですので、みなさんの印象を踏まえて主観的に 5 点満点で評価をしてみてください。

　また、全部の項目を確認することはできないと思いますが、質問事例を参考にして、自分なりに確認できた事項について点数をはじいてみることで構いません。

　尚、これらは私がこれまでにお会いした経営者の特徴やその企業の実態（その後の状況を含めて）を総括して主観的に整理したものですので、あくまでも一般論として捉えていただき、お会いする経営者の属性を踏まえながら確認いただければと思います（図表 4）。

図表4　経営者の資質を判断する50の視点

経営者の資質			評価のポイント／評価点	5	3	1
組織	①	ビジョン	会社のありたい姿であるビジョンが明示され、それに向かって経営がなされているか	明快	抽象的	不明
	②	経営理念	会社の基本姿勢・理念・哲学が明示され、それに沿った経営がなされているか	明快	抽象的	不明
	③	ミッション	会社の存在意義・成し遂げるべき任務である使命が明示され、それに沿った経営がなされているか	明快	抽象的	不明
	④	行動指針	社員それぞれが実践するべき行動基準である行動指針が明示され、それに沿った行動が実践されているか	明快	抽象的	不明

⑤	事業目的	事業を通じた社会貢献をモットーとして、その結果として企業の成長の恩恵を受けるという意識をもっているか	社会貢献優先			自社業績優先
⑥	投資方針	時節を捉えた投資を、常に冷静かつ合理的な判断のもとで実施しているか	合理的投資	積極投資		消極投資
⑦	投資スパン	企業の長期的成長を見据えた判断基準で投資を行っているか	長期(将来)投資			短期投資
⑧	組織形態	地位に関係なく、社員全員が相互に意見を言い合える環境を歓迎しているか	フラット思考			ピラミッド思考
⑨	人事方針	長幼の序を尊重しつつ、知情意のバランスにおいて有能な人材を積極的に登用しているか	ミックス思考	成果主義		年功序列
⑩	システム対応	時代に即した効率的なデジタル化と従来のアナログ対応をうまく連携したシステム体制を構築しているか	デジタル・アナログ共存	デジタル型		アナログ型
⑪	経営スタイル	和気藹々とした中にも適切な緊張感をもったバランスのとれた経営を行っているか	ハイブリッド型経営	家族型経営		機械型経営
⑫	価値重視	形のあるものだけでなく、人、情報、技術といった見えない価値を尊重しているか	無形価値尊重			有形価値尊重
⑬	財務方針	売上や利益よりもキャッシュの創出を重視した経営を志向しているか	キャッシュフロー重視	利益重視		売上重視
⑭	重視している視座	過去や現在よりも未来を見据えた経営を志向しているか	未来志向	現実志向		過去志向(保守的)
⑮	重視している視点	自社の利潤を優先するのではなく、顧客の視点に立った顧客志向の経営を行っているか	顧客			自社
⑯	メンバー構成	自分の嗜好するタイプのメンバーだけでなく、多彩な人財を取り入れたダイバーシティ経営を行っているか	ハイブリッド志向			同類志向
⑰	社員の位置づけ	社員を企業の重要な資産として認識しているか	資産			コスト
⑱	パート社員の位置づけ	正規雇用でないパート社員等の人たちを重要な会社の戦力として認識しているか	戦力			補充要因
志向 ①	思考①	自分よりも他人の立場を考え、公私混同のないように心がけているか	利他思考			利己思考(私利私欲)

045

②	思考②	発言や行動が常にポジティブであるか	ポジティブ		ネガティブ
③	思考③	現状に対して常に問題意識を持ち、小手先の改善にとどまらず、抜本的な改革推進を志向している	改革志向	改善思考	現状容認思考
④	客観的視点	自社や自分を客観的に捉えているか	高い		低い
⑤	責任の所在	トラブルや問題の責任を他人や周りに転嫁せず、自らの責任として捉えているか	自責		他責
⑥	他人許容力	他人に対して受容する心を持ち、決して他人の悪口を言ったり否定したりしていないか	他人肯定		他人否定
⑦	自己許容力	自分の失敗や非を認め、言い逃れをしたり負け惜しみをせず、自分に対して謙虚な姿勢を示しているか	謙虚		漱石枕流
⑧	失敗許容力	他人の失敗に対してそれを許容し、失敗を糧にしようとする姿勢を示しているか	失敗許容		失敗叱責
⑨	解決方法	問題に対してすぐに方法論を示すのではなく、その本質的原因を突き止めた上で、課題を探り出そうとしているか	原因論		方法論
⑩	リスク認識力	リスクに対して敏感であり、常にその先を想定した対策を意識しているか	敏感		鈍感
⑪	執着心	自社に対する矜持をもって、何事にも徹底的に追求する執着心を持っているか	執着		自暴自棄
⑫	事業方針	正しいと判断すれば、どういう状況であれ臨機応変な対応をとろうとする姿勢が見られるか	朝令暮改	首尾一貫	頑迷固陋
⑬	決断タイミング	急を要する決断において、ルールに縛られることなく、即座に判断をする機会を設けているか	スピード重視		ルール重視
⑭	コンプライアンス	コンプライアンスに対する意識が高く、違反に対する厳正な処置を行っているか	重視		軽視
⑮	データ分析力・把握力	数字に対する感応度が高く、変化に対し迅速に対処できているか	高い		低い
姿勢 ①	周囲への姿勢	ステークホルダーに対して常に感謝の心をもって接しているか	感謝		当たり前
②	リーダシップ	リーダーとしての自覚をもって何事にも自らが率先して対処する姿勢を有しているか	率先垂範		他人任せ

	③	コミュニケーション	自分中心の姿勢で話をすすめるのではなく、相手の話をじっくり聞くなど、適切なコミュニケーションを心がけているか	バランス	寡黙	多弁(饒舌)
	④	性格	表裏なく、常に人を受容する懐の深い性格である	温厚(表:冷徹、裏:人望)		冷徹(表:温厚、裏:陰険)
	⑤	見た目	過度に華美に着飾ったり、逆にみすぼらしい恰好でなく、経営者に相応しい様相を呈している	適性	地味	派手
	⑥	好奇心	何事にも興味をもって情報を得ようとする姿勢がみられる	旺盛		無関心
	⑦	活字親和度	さまざまな情報を取り入れるために、新聞、ビジネス書、小説などを愛読している	大(新聞、小説、ビジネス書)		小
	⑧	潔白性	何事にもクリーンであり、人に咎められる事象がない	高い		低い
	⑨	趣味	趣味に対しては徹底的に追求するタイプである	徹底追求型		娯楽型
資質	①	事業専門性	事業における高い専門性を有しており、知識において比肩する社員はいない	高い		低い
	②	発想力	柔軟な発想力を持ち、アイデアの創出に対して貪欲である	奇想天外		常識的
	③	人脈力	事業活動を円滑に推進できる異業種や異世代の様々な人脈を有している	高い		低い
	④	健康状態	常に健康管理に留意しており、心身ともに健康な状態を維持している	頑健		不安
	⑤	実権力	自身が最終判断を行なえる体制となっており、名実ともに実権者である	高い		低い
	⑥	資産力	企業活動が不測の事態に陥っても、対処できるだけの個人資産を有している	高い		低い
	⑦	世間評判	世間からの評判も高く、ネガティブな意見や噂は聞こえてこない	良好		悪い
	⑧	負の経験値	どのような苦い経験をしているかどうか、またその経験から何を学び、今に活かされているかどうか	壮絶な経験		順風満帆

I　組織

＜①ビジョン ②経営理念 ③ミッション ④行動指針＞

これは組織の基盤であり方向性を示したものになります。

ビジョン：将来に向けて企業が目指そうとしている姿、ありたいと思う姿

経営理念：企業の拠って立つ信念、哲学、姿勢

ミッション：企業が責任をもって成し遂げようと考えている任務

行動指針：ビジョンや経営理念を実践するための行動基準、あるべき行動姿勢

になります。

まず、経営理念は、企業の基盤を形成する企業として絶対に守らなければならない考え方です。つまり、これはその企業としての「生き方」であり、「存在し続けるために守らなければならない絶対的思想」と言えます。

ミッションは、社会にその企業が存在する意義を示したものです。つまり、「このミッションを果たし続けなければ、社会における存在価値はありません」という重要な宣言なのです。

行動指針は、経営理念やミッションを果たすために、経営者を含む社員全員が励行すべき思考・行動の在り様です。

そして、ビジョンは、企業としてどのような企業を目指すのか、将来の企業像を描いた言葉になります。

つまり、これらは企業や経営者の在り方を評価する上で、最も重要なメッセージになりますので、まずこれらを確認して、みなさんが納得できるかどうかです。

多くの企業では、これらをホームページで確認できるはずです。

もし掲載されていなければ、

①社長は●年後（10年後等）に貴社をどのような会社にしたいと思っておられますか？

②貴社の経営において基盤となる姿勢・理念について、具体的に教えていただけませんか？

③貴社の存在意義は具体的にどこにあると思われますか？
　また、これができなくなれば存在意義がなくなると思われることは何でしょうか？

④社長含め社員全員に常に実践してもらいたい具体的な思考や行動基準は何でしょうか？

といった質問をしてみてください。

　もし、これらの質問に対して明確な答えが聞けないようであれば、会社の方向性、経営の基軸となる思想、自社の存在価値等が曖昧なまま事業を行っていることになります。

　その場合は、みなさんから「これらを定めることが、社外に対する信用形成や社員としての克己心、倫理観の醸成に加え、組織のベクトルを統一する上で欠かせないものである」ということを伝え、早急に制定するよう慫慂すべきです。

　尚、ビジョンについて、具体的な数字や事象（売上高、上場などの目標）だけでなく、**事業形態など会社の全体の姿をイメージできる言葉を引き出すこと**が重要です。

　なぜなら、具体的イメージを明確にすることで、みなさんも、どういう事業体を想定しているか共有でき、何が課題なのか、自行庫としてどのようなお手伝いができるのか、といった具体的なイメージが掴めるからです。

　また、①から④について、現状と照らし合わせて整合性が取れているのかどうかを検証してみてください。特に行動指針については、励行できていれば問題ありませんが、言動不一致の場合、社長の思いが社員に浸透していない可能性が高いと考えられ、社員への周知徹底を図ることが求められます。

＜⑤事業目的＞

会社が事業を行う最大の目的は、事業が社会に役立つことです。

でなければ、社会に存在する意義は薄れてしまいます。

では、「社会に役立つとはなにか」というと、地域社会の活性化、地域住民の安定した雇用、社員およびその家族の安定した生活、事業を通じた新しい価値の創造など、さまざまな要件があろうかと思いますが、これは高い次元の目的であるとともに、大きな社会的責任が生じることから、社長には事業継続に対する揺るぎない覚悟が求められます。

一方で、「儲かるから」「自社が儲かれば周りが損をしても構わない」といった独りよがりな考え方の場合、企業として存続するかもしれませんが、いずれステークホルダー（顧客、販売先、仕入先、社員など）から見放され、経営者も強い覚悟がないことから、突然事業を停止するリスクも考えられます。

経営者には、「この事業を始められたきっかけには、どのような思いがあったのでしょうか」「この事業の社会的意義は何だとお考えでしょうか」と尋ねてみてください。

もし、「いや時流に乗って稼げるかと思ったから」「社会的意義というよりも楽に稼げそうだったから」といった、思いつきで始めたと思われる発言があれば、もしうまくいかなくなったら、あっさりと事業を断念するリスクもあり、事業継続性に対する保証は限定的であると考えるべきです。

＜⑥投資方針＞

多くの企業は成長を続けるために先行投資を行う必要があります。

それは、人、設備、研究開発、技術、システム、拠点等、自己資金や調達資金を元手に投資対象を検討していくことになります。

尚、投資は事業の成長によって収益として回収をすることが前提になりますので、想定通りの結果が得られなければ、回収ができないリスクを伴います。

ですので、経営者によっては投資に二の足を踏む人もいるでしょうし、逆に投資に際して投資効果を検証せずに、やみくもに高額な投資を行ってしまう人もいるでしょう。

ただし、日進月歩で変化を続ける社会情勢の中で、**現状維持は後退を意味しますし、過大投資はその後の変化に対応できる体力を奪う可能性**もあります。

ですので、適正に計算された合理的な投資を行なえるかどうかがポイントになります。

経営者は、それを時代の変化のスピードを図りながら、的確なタイミング、時間軸に照らし合わせて投資規模を決定していかなければなりません。

そのセンスの有無によって、企業の事業継続性に大きな違いが出てくるのです。

経営者には、「社長は成長に向けた投資についてどのようにお考えでしょうか」「投資に際しての判断基準をご教示ください」と尋ねてみてください。

「投資はリスクなので、最低限の投資に留めている」「やるからには最新鋭の機械・設備投資を行い、金には糸目をつけたくない」という発言があれば、経営姿勢としては修正を図る必要があります。「投資については慎重に対応しているが、成長の機会として必要と判断されれば、投資効果を徹底的に検証して適正な投資を心がけている」というスタンスであれば、経営者の姿勢として合格点です。

＜⑦投資スパン＞

投資については、①で示したビジョンを前提に時間軸かつ成長スピードを想定しながら検討しなければなりません。

しかし、ビジョンなかりせば、目先の短期的な市場、顧客、社員の要求に応じて、メリハリのない投資を繰り返してしまうかもしれません。

　投資はあくまでも成長のためのツールであり、調整のためのツールではありません。

　その判断を誤っているようでは、企業の安定成長は望めません。

　経営者には、「投資スパンおよび投資の優先順位をどのように判断されておられますか」と尋ねてみてください。「予算の範囲内であれば、投資スパンや優先順位というのは気にしていない。社員がやりたいという案件については、できる限り対応してやっている」といった発言があれば、投資に対するポリシーが欠如している証左であり、非効率な投資が膨らみ、将来において財務基盤を損なうリスクがあると判断すべきです。

　「投資スパンは中期経営計画等のビジョンを前提として、それに沿った投資を優先しつつ、案件の規模に応じてルールに則り、厳格に投資効果を見極めて是々非々の判断をしている」といった方針であれば、正しい判断が行われているとみていいでしょう。

＜⑧組織形態＞

　経営者がどのような組織を標榜しているかによって、組織力に大きな差がでてきます。

　昔ながらのピラミッド型の組織を良しとする、或いは経営者の独裁的組織を良しとするのは、ベンチャー企業として強烈なリーダーシップによる企業形成が必要な場合を除き、弊害が大きいと思っています。

　一方で、社員の性別、年齢、資格、役職等に関係なく、さまざまな意見を自由闊達に出し合える風通しの良いフラットな組織であれば、組織として、時代の変化を先取りする発想力や創造力が生まれやすくなります。

　また、一人ひとりが自分の責任を認識し、主体的かつ自立的に行動する自走型の社員集団を創り上げることにも繋がります。

　ピラミッド組織は環境に大きな変化がない業界であれば、トップの独断的判断で物事がうまく機能する可能性はありますが、そうした業

界はほぼ皆無であり、現代は、**社員一人ひとりの個性と知恵と経験を
編み込みながら、相互尊重しあえる組織形態こそが組織を活性化**させ
るのです。

　ある程度の業歴を有し、社員数も 100 名近い規模の企業経営者に対
しては、「貴社の組織において、社員から意見を吸い上げたり、階層の
違うメンバーとの活発な議論がなされる機会はあるのでしょうか」と
尋ねてみた際、「当社はまだまだ私が全権を握って、トップダウンのマ
ネジメントを行っている」「そうあることが理想なんだろうが、うちの
社員は当事者意識が薄く、どんどん意見を上げてこいといってもなし
のつぶてだよ」といった発言があれば、改善の余地ありと考えてくだ
さい。

　その場合、経営者には、「現状の組織は固定化してしまっているよ
うに思えます。柔軟性に欠ける組織風土であり、貴社の企業規模感か
らすれば、組織の柔軟性を徐々に高めていかなければ、膠着化による
弊害が出てくる可能性があります。必要であれば、組織体制改革や社
員の意識改革にかかるコンサルティングを導入されてはどうでしょう
か」と組織力強化につながる経営支援提案を行うべきです。

＜⑨人事方針＞

　従来型の組織にみられる年功序列に対して、外資系企業などの組織
にみられる成果主義。

　それぞれにおいて長所、短所があることから、組織の形態にあわせ
てバランスよく取り入れるのが組織力を高める上で有効であるものと
思います。

　年功序列の場合、企業への長期的な貢献に対して報いるために、勤
続年数や年齢に応じて処遇がスライドする考え方ですが、長期安定雇
用と処遇が担保されるために、生活設計という点では安心感を与える
制度です。

　ただし、知識、能力、情意のレベルや企業への貢献度などを反映し

ないことから、働かない高齢社員を抱えてしまうリスクがあります。

　一方で、成果主義の場合、能力や企業への貢献度に応じて処遇が決まることから、やればやっただけの報酬が見込めることになります。

　ただし、成果主義が行き過ぎると、目先の収益を優先して長期的な収益機会を軽視したり、独りよがりな社員が増殖することで、企業の信頼を損なうリスクもでてきます。また、組織内での連携に対する意識が薄れ、組織力が低下するリスクも生じます。

　いずれも一長一短があることから、その組織の風土や環境などに照らして、最も組織が活性化し、社員のモチベーションが向上するバランスの取れた人事制度を制定することが望まれます。

　特に転職市場が整ってきている現状においては、優秀な若手ほど処遇に不満を抱いて退職するケースが増えていることから、これを放置していると安定した人材確保や事業に必要な技術・ノウハウの継承がスムーズに行われず、組織の屋台骨を揺るがすことになりかねません。

　経営者には、「社員の処遇体系、昇格昇級、人事評価について、どのような制度運営がされているのでしょうか」と尋ねてみてください。「当社は古い体質で、昔ながらの年功序列体系なので、人事評価も上司が評価しているが、あまり意味をなしてない」「当社は業績貢献度を重視していて、売上と利益の目標達成度に応じて給与や昇級昇格を決定している。つまり人事評価は成績一本ということだ」ということであれば、「社員の方からの不平不満はありませんか」と確認し、「いろいろ不満はあると思うが、これが当社のやり方なので」といった返答があれば、潜在的な問題を抱えていると認識すべきです。

　年功序列の場合、メリハリの利いた処遇体系でないことから、①管理職職階の処遇や有能な社員の成果に対する処遇が能力や業務量に応じて反映されていない、②それに伴い現状の人事制度に対する不満が充満しているといったことが想定されることから、優秀な管理職を含めた社員の離職リスクや無気力社員、パラサイト社員の増殖により、組織の空洞化が懸念されます。

　成果主義の場合、業績偏重主義であることから、顧客視点軽視による顧客トラブルの増加、短期志向型で倫理観の欠如した人材の登用が進むことによる組織信用力の低下が懸念されます。

　もし、このような極端な人事制度を導入している場合、そのリスクを認識させなければなりません。そのためにも、「貴社の人事制度について、一度現状を確認させていただき、もし改善の余地があるようであれば、人事コンサルティングを導入してみてはいかがでしょうか」といった提案を行う機会かと思います。

＜⑩システム対応＞

　近時は世の中でIOT、DXというシステム化が進展する中、人財の有効活用、労働効率の改善等による企業体質の強化に向けて、作業の自動化・ペーパレス化による効率化、デジタル化されたデータを活用したデータの効率的活用、ビジネスモデルの変革、デジタル化された組織のビジネス化等に展開することが予想されます。

　システム化の流れは、人為的ミスの排除という観点からも歓迎されるものですが、すべてがシステム化することで、極端な場合、人を全く介しないことになり、イレギュラーな状況への対応が遅れたり、人と人の関係により育まれる心のつながりが薄れることで、殺伐とした組織を形成することにもなりかねません。

　時代の流れには逆らえませんが、人の代用を機械やシステムですべて置き換えることは不可能です。

　一方で、高齢経営者など、デジタル化に対する抵抗感から、アナログ体制への執拗なこだわりがたたり、組織運営体制が時代遅れとなり、生産性の低下、業務負担の増加などを引き起こし、社員の定着化を阻害することにもなりかねません。

　いずれも極端な体制は歪みを生む可能性があることから、業務の効率化による業務負担の軽減により、生産性の低い業務からの解放、人財の適正配置、効率的業務体制の整備等最適なバランスを考慮した組

織体制を整備することが求められます。

　経営者に対して、「貴社のシステム戦略についてお聞かせください。DX 等の流れが叫ばれる中で、貴社では具体的にどのような対策をとられているのでしょうか」「社長は今の事務体制や生産体制等において課題認識をお持ちでしょうか」と尋ねてみてください。

　「私を含めて社員も高齢でシステムに馴染みがなく抵抗感があることから、当面は人海戦術で対応している」「課題認識はあるが、何から始めていいのかよくわからない」ということであれば、「決してシステム化がすべてではないですが、導入することで業務効率化や生産効率化に繋がる可能性もありますので、一度診断を受けられてみてはどうでしょうか」と導入に向けた提案を行ってみてください。

　提案次第では、貴行庫のリソースを活用したソリューションにより、ビジネス機会に繋げることも可能ですし、当社としても目に見える形での効率化が図られ、社員の働き方改革に繋げることになるかもしれません。

＜⑪経営スタイル＞

　中小企業やオーナー企業の場合、家族型経営が多くみられます。

　家族型経営とは、家族のように和気藹々とした雰囲気の中で、お互いを尊重しながらのアットホームな経営スタイルです。

　一方で、機械型経営（という言葉はありませんが）とは、組織化された非人情的なスタイルで、あまり相互干渉を好まず、専門的プレイヤーの集団というイメージです。

　後者のような組織は、技術志向のプロ集団の組織や、機械的に作業をこなす単純労働型の工場などは近いかもしれません。

　一見、家族型経営は問題ないようにも思えますが、お互いを尊重しすぎることで、ぬるま湯的な組織となり、問題先送りの風潮がはびこるリスクがあります。

　業務に対しては、**適度な緊張感を維持しながら信賞必罰を徹底しつ**

つ、経営者は社員を単なる被雇用者という契約関係でなく、家族同様の心の通った暖かい人間関係を築く、ハイブリッド型経営こそがひとつのまとまった組織形成に繋がっていくのです。

経営者には、「社長は、経営スタイルとして、アットホームな雰囲気の家族型か、個人事業主の集合体的な非干渉型か、どちらを志向されておられるのでしょうか」と尋ねてみてください。

家族型の場合は、「家族型の場合、組織の秩序を維持するためにどのような工夫をされておられるのでしょうか」と尋ね、「あくまで家族的ということで、業務に対しては責任の所在を明確にして、厳しく指導するようにしているが、連帯感を高めるために、社員間のレクリエーションやコミュニケーションの機会を作っている」といったメリハリの利いた経営姿勢であれば問題はありません。

一方で、機械型の場合は、「社長として社員の方々との交流、社員間の交流の機会についてどのようにお考えでしょうか」と尋ね、「定期的な交流の機会を設定して企業への帰属意識を高めてもらえるよう努力をしている」といった言葉が聞かれれば問題ありませんが、「社員はあくまで会社に貢献してもらえればそれでいい。交流する機会など時間の無駄だ」といった、ドラスティックな経営スタイルをとっているようであれば、経営者と社員の間に亀裂が生じてしまい、経営に支障をきたすリスクが内在していると考えるべきです。

＜⑫価値重視＞

人はどうしても目に見えるものを重視する傾向があります。

企業で言えば、設備、機械などの有形固定資産、在庫、売掛金、現金といった流動資産です。

また、資産には計上されていませんが、社員についても直接収益を生む営業人員や技術を提供するエンジニアなどです。

しかし、企業の基礎部分を支えているのは、目に見えない資産である特許やブランドなどの無形固定資産や、裏方として支える事務部門

の社員、これまでの安定したビジネスを形成してきてくれた販売先、仕入先、外注先などです。

　こうした基礎部分を支えている資産や人や企業が、どれほど価値を提供してくれているのか、経営者は十分に理解をするとともに、人や企業に対しては敬意を払い、ねぎらいの言葉や感謝の気持ちを伝えるべきです。

　そうすることで、彼らは経営者に対してより強い忠義を示すはずであり、基盤の安定に資することになるのです。

　経営者には、「社長にとって、貴社の企業価値として重視されている資産はどういったものでしょうか」と尋ねてみてください。「工場などの経営資産、経営陣、そして売上に貢献してくれる営業社員」と答えが返ってきた場合、「取引先や事務社員の方々はいかがでしょうか」と質問して、「取引先は当社あっての存在だよ」「事務員は売上に貢献しないし、代替がきくからね」といった軽視あるいは蔑視発言があれば、心の狭い、単純思考の経営者であり、周りからの尊敬を集めるタイプではないと判断すべきです。

　また、こうした経営者は、数字の多寡で価値を判断する傾向があることから、取引量の少ない取引先、下請け企業、営業成績不振の社員に対して、ぞんざいな扱いをしがちであり、経営者として望ましくなく、留意をするべきです。

<058>

＜⑬財務方針＞

経営者の最も求めているものは売上です。

　売上を1円でも上げるように日夜奮闘しているのが経営者です。

　売上はその企業の商品やサービスに対して、お客様に評価いただいた結果ですから、売上が大きくなることは喜ばしいことです。

　しかし、売上を上げても利益が計上できなければどうでしょうか。

　その企業は税金をほとんど納める必要がありませんから、企業としての納税義務を果たしているとは言えません。

　また、利益を上げていないということは、企業経営をするうえで必要となった経費を賄えていないということです。

　つまり、**利益を上げて一人前の企業**として認められるのです。

　しかし、**それ以上に大切なのはキャッシュ**です。

　いかに利益を上げていたとしても、キャッシュが底をつけば会社は倒産するリスクが高まります。

　販売先が倒産して、売上金の回収ができず予定の入金がなくなった、売上は確保できたが仕入価格を下回る価格で販売した、過剰な設備投資を実施して現金が底をついた、大量の在庫を抱えたことで現金が減少したなど、キャッシュマネジメントが疎かになると、黒字倒産もあり得るのです。

　また、リーマンショックなど、不測の事態が生じた場合、金融機関からの資金調達が困難になり、仕入資金の支払いや社員の給与が払えないといった事態も招きかねません。

　つまり、まずは潤沢なキャッシュを確保しておくことが重要であり、そのうえで、利益を生む財務構造を維持するための原価や経費のコントロールを行い、そのうえで売上を高める施策を検討するというのが正しい順番です。

　経営者として、常に自社はどの程度の現預金（早期に現金化できる資産を含む）を保有していて、資金繰りに問題がないかどうかを常に意識できていること、つまりキャッシュマネジメントをまず考え、次に利益、そして売上を意識している経営者があるべき姿なのです。

　経営者には、「社長は、最も重視されている財務指標は何でしょうか」と尋ねてみてください。

　「売上」よりも「利益」、「利益」よりも「キャッシュ」と答えた経営者は経営をよくわかっています。もし、「売上」と答えた場合、「売上の質（販売先の属性、収益性、継続性など）に対して何か基準は設けておられますか」とさらに質問し、「ネーム（知名度等）は大切だ。利益は後からついてくる。継続性も問題ない」との回答があった場合、

知名度優先による体裁を優先し、その企業の信用状況、収益性、継続性については、根拠なき結論づけを行っていると考えられることから、結果的に利益、キャッシュの確保において、苦労するタイプかと思われます。

＜⑭重視している視座＞

　経営者として①に示すビジョンを明確に示し、将来自社がどうあるべきかを考えて経営することが求められます。

　しかし、中には現状維持を良しとして、目の前の問題に目をつむっていたり、過去の成功を引きずって「あの時代は良かった」といったふうに、過去を振り返ってばかりいる経営者は、現状の課題に真摯に向き合わず、企業としての成長機会を逃してしまう可能性が高くなります。

　これは、言葉の端々に表れますので、経営者との会話において、どこに視座を置いているのか、しっかりと見極めてみてください。

　もし、現在、過去に視座があるようであれば、経営者に将来のビジョンをしっかり設定させるようみなさんが誘導するべきです。

　そうしなければ、企業としての事業継続性にいずれ支障をきたす可能性が高いとみるべきです。

　経営者には、「過去、現在、未来において、社長が最も意識している時点はいつでしょうか」と尋ねてみてください。「過去」と答える経営者は、「過去の良き思い出に浸りたい、その時点に戻りたい」、「現在」と答える経営者は、「現在大きな問題を抱えており、先を標榜できる余裕がないか、現状に満足しており今の状況が続くことを信じている」ということかもしれません。

　経営者は、たとえ現状において大きな問題を抱えていたとしても、それを解消した「あるべき姿」を描きながら、現状の課題に取り組む姿勢が求められます。また、過去に執着していても得るものはひとつもありません。

　現在、過去に視座がある経営者には、「経営者が明るい未来を見つめて経営に取り組まなければ、社員の方々も不安を感じると思いますよ」とアドバイスをしてあげてください。

＜⑮重視している視点＞

　企業が存続できるのは、その企業の商品やサービスを購入していただく顧客があってのことです。

　いくら経営者が自慢できる商品を提供したとしても、顧客に購入してもらえなければ１円の売上にも繋がりません。

　つまり、**経営者は顧客の視点で経営すること**が求められます。

　「今、世の中ではなにが求められているのか」「自社のサービスは顧客に満足いただける水準にあるのか」といった視点で、自社を厳しい目で客観的に見続けるべきなのです。

　しかし、中には「この顧客は騙せそうだから、適当に価格を釣り合上げてやれ」とか、「今期は数字が足りないから、得意客に押し込みで商品を売りつけてやれ」とか、邪な考えをもって自社の体裁や利益を整えるために無謀な商売をしている企業も見受けられます。

　「偽装」、「手抜き工事」、「売上至上主義」、「過大広告」、「顧客洗脳」など、すべて私利私欲、利己主義の成れの果てです。

　企業の顧客との関係は「ただ信頼という糸で結ばれているだけ」なわけですから、こうした事実が明るみに出れば、たとえ顧客と長年にわたり培った太いパイプで繋がれていたとしても、一瞬にしてその関係は絶たれることになりかねません。

　一方で、顧客視点で常に経営を考えている企業には、自然と協力的なファンが集まり、企業の成長をしっかりと支えてくれます。

　そうすれば、企業で働く社員のモチベーションや、やりがいにも好影響を及ぼします。

　つまり、企業としての骨組み、体力、成長力をより強固なものにしてくれるのです。

061

　経営者に、「社長にとってお客様や取引先はどういう存在でしょうか」と尋ねてみてください。経営者の言葉の中で、「お客様」でなく「客」と言ったり、「客は選ぶもの」、「客はわかっていない」など、お客様を侮辱する、軽視する発言が見られた場合は、要注意だと思ってください。一方で、「かげがえのないパートナー」「当社を成長させてくれる大切な存在」といった言葉がでてくれば、顧客に敬意を表している証左と言えます。

＜⑯メンバー構成＞

　経営の中核を成すのは「人」です。

　システム化がどれだけ進んだとしても、企業運営にかかわる重要な判断や、組織力を最大化するための組織マネジメント等を行うのは経営者を含む社員です。

　特に時代の変化が激しく、嗜好が多様化する現代社会において、同類の人材で組織を固めるのは非常に危険なことです。

　積極型と慎重型、技術畑と営業畑、リーダー志向とマネージャー志向、右脳派と左脳派、経験者と初心者など、相対する資質や性格をもった人財を適材適所に配置することが求められます。

　経営陣も同じです。経営者も1人の人間です。

　得意分野と不得意分野があります。オールラウンドプレイヤーは稀有な存在です。

　ですので、経営陣においても、経営者とタイプの違う人財を登用することは経営のバランスを取る上で重要なカギになります。

　良く取り上げられる例として、本田技研工業株式会社の創業期の話があります。

　創業者の本田宗一郎氏は技術開発の天才であった一方で、藤沢武夫氏が組織経営の天才であったことで、本田技研工業株式会社は成功の道を歩むことができたと言われています。

　また、企業の成長においては、常識に囚われない柔軟な発想力が問

われる中で、「若者、ばか者、よそ者」が新しい価値を生み出すと言われますが、その意味でも、多様な人財で組織を構成することは重要になってきます。

　経営者が、自分の弱みを認識して、経営マネジメントのパートナーに適切な人財を配置しているか、社員採用において多彩な経歴、思考、経験、性格を有する人財を歓迎しているか、是非確認をしてみてください。

　経営者には、「人材採用において最も重視していることは何でしょうか」「貴社の人材の特徴をお聞かせください」といった質問をしてみてください。

　「当社は、特にこだわりがなく、やる気と人柄を重視している」「女性も積極的に採用して、将来の幹部候補生として期待している」「当社社員の特徴は多様性。業務的にも向き不向きがあるのは当然で、それが当社の強みになっている」といった答えが返ってくれば、社会の変化に適合した強靭な組織形成に対処されているとみていいでしょう。

　一方で、「学歴重視」、「営業中心であり男性重視」、「県内優先」など、古い考え方から抜けきれない場合は、フレキシブルな組織に向けた体制整備が遅れるリスクが想定されます。

＜⑰社員の位置づけ＞

　企業は経営者だけで存続できるものではありません。

　企業経営の方向付けをするのは経営者ですが、その方向付けに従って業務を推進するのは社員です。

　社員を見下したり、疎かにしたりする経営者では、組織としての求心力を高めることは困難です。

　もちろん、叱咤激励を行うことで、社員の成長を促すことは必要ですが、そこに社員への敬意や愛情がみてとれるかどうかで大きな違いが生じます。

　社員を「会社の重要な資産である」と考えている経営者であれば、

社員の職場環境、社員の労働実態、社員の健康状態、社員の教育機会、社員の家族状況など、できる限り目を配ろうと努めるはずです。

　本社の社長室にふんぞり返って、社員の働く職場に顔を出すこともなく、社員の生活実態や処遇に関心を示さず、社長のために尽くすことが社員の使命だと勘違いしている経営者も多く存在します。

　そういう経営者は、「社員は使えない」「社員はばかばかりだ」「給料泥棒が多くて困る」「権利ばかり主張する」など、ネガティブな発言を当たり前のように発しています。

　みなさんが経営者と会われた際に、「貴社の社員の方々の働きぶりはいかがですか」「社長は工場や店舗にはよく顔をだされていますか」、「社員の方々が成長するためにどのような取組をされていますか」といった質問を投げかけてみてください。

　社員のことを、「あいつら」、「あの連中」といった蔑視呼称を使ったり、社員に対する給与や賞与などを「コスト」として認識するような発言があるようであれば、社員はかなりの不満を抱えて、経営者との間に大きな溝を感じている可能性があります。

　また、そうした事態を放置すると、悪い情報が上がってこなくなるほか、新たなチャレンジに対して消極的になり、経営戦略に大きな支障が生じるリスクが内在しているとみるべきです。

＜⑱パート社員の位置づけ＞

　パート社員を雇用する目的として、安価な労働力の確保や繁忙期における労働力の確保などが挙げられます。パート社員にとっても、正社員のように時間の制約がないことや自由な働き方を選択できるという利点があります。

　ただ、正社員と一線を画していることから、あくまで補完的な労働力として、戦力と捉えていない経営者が多く存在します。

　しかし、彼らも労働に対する責任感をもって業務にあたっている人がほとんどであり、能力的に劣っているわけではありません。

埼玉県に本社を構え、関東一円でスーパーマーケットを展開する株式会社ヤオコー。

2022年3月期の決算において、33期増収増益を達成した驚異的なスーパーマーケットです。その原動力となっているのは、当社では「パートナーさん」と敬意をもって呼んでいるパート社員の方々です。

当社では、パート社員の方々の処遇を正社員と分け隔てせず、重要な戦力として彼らの知恵や経験を活かしていただく取組を行っています。

たとえば、主婦であるパート社員の方々の提案を積極的に売り場づくりに取り入れています。

スーパーマーケットの多くのお客様は主婦の方々です。ですので、お客様である主婦の目線で売り場づくりをすることは、まさに最高の顧客視点戦略になるわけです。

パート社員の方々を戦力として待遇することで、彼らのモチベーションも高まりますし、企業への忠誠心も生まれるのです。

優れた経営者は、正社員だけでは見落としがちな「顧客としての視点」、「世間という客観的な視点」を持つパート社員の意見を尊重し、見えていなかった問題や課題を浮き彫りして経営に活かす取組を実践しているのです。

ですので、経営者には、「貴社のパート社員の方々はどういった役割を担っているのですか」「社長にとってパート社員の方々はどのような存在ですか」「パート社員の方々からの意見は参考にされていますか」など、経営者としての意識確認をしてみてください。

065

Ⅱ　志向

<①—①思考：利他思考>

近江商人の経営理念を表す「三方よし」という言葉があります。

「商売においては、売り手・買い手が満足することは当然のことで、

社会に貢献できてこそ良い商売である」という意味です。

　これは、私利私欲に目がくらむことなく、相手の立場も考え、さらにその先にある社会にとっても意義が持てるように取り組みなさいということです。

　経営者は、常にこのことを肝に銘じておく必要があります。

　＜⑮重視している視点＞とも重なりますが、事業を継続、成長させていくためには、顧客との長期的な信頼関係を維持し、世間からも存在を認めてもらえる企業となるために、顧客の視点、世間の視点を自社の視点よりも優先するべきなのです。

　また、オーナー企業の場合は、会社の財布と個人の財布を混同しがちです。

　家族経営の企業であれば、それでも問題はありませんが、一般社員を抱える企業の場合、公私の別を明確にし、社員と同じ立場で公正な振る舞いを心がけるべきです。

　利益が出たならば、自分の懐を温かくするよりも先に、組織や社員に十分な還元を行うべきなのです。

　こうした清廉潔白な姿勢を貫くことで、世間や社員は経営者に信頼を寄せることになり、結果として、企業の価値を高めることに繋がっていくのです。

　経営者との会話の中で、「俺は経営者だから、会社の金は俺の金」「経営者のやり方に社員が文句を言う資格はない」などの発言があれば、気を付けてください。

＜①─②思考：ポジティブ＞

　第1章の3「頼りたいと思える担当者とは」でもお話ししましたが、経営者においてもポジティブ思考は必須です。

　経営者はたとえどんな困難な局面におかれても、常に前向きな姿勢でその難局を乗り越えていく強い意思が求められます。

　もし経営者がネガティブ思考であると、順調な局面でさえ将来に対

する不安を抱き、逆境の局面では現実逃避を図ろうとするでしょう。大将たる経営者がそのような姿勢では、本来うまくいくことも失敗に終わってしまうことになりかねません。

　組織のムードも沈滞して、社員の士気も下がり続けることになり、経営そのものが揺らいでしまうリスクが生じてしまいます。

　何事に対しても「俺にはできる！」「頑張ろう！」と常に自分を鼓舞し、社員を鼓舞する経営者は頼もしいものです。取引先や金融機関などの関係者も、こういう経営者に対しては、「できるかぎり支援したい」と思うでしょうし、さまざまな提案を持ち込んで、ビジネスチャンスを広げることに繋がってきます。

　経営者から、「当社には無理だよ」「もうどうしようもない」「当社はこのレベルだよ」「そんなことをしてどういう意味があるのか」「せめて……だったらいいのだが」といった発言があれば、「ネガティブ思考の傾向があるな」と捉えて間違いありません。

　一方で、ポジティブな経営者は、「とりあえず考えてみようか」「なにかやりようがないだろうか」「当社でもチャレンジしてみようか」「難しいかもしれないが、やってみないとわからない」「今からでも遅くない」といった前向きな発言が見られます。

　ネガティブ思考の経営者に対しては、「社長がそんな弱気では、社員が不安になりますよ。われわれも応援しますから、諦めないでください！」とみなさんが背中を押してあげてください。

＜①—③思考：改革思考＞

　企業を長期的に存続させるためには、幾度となく立ち向かわなければならない逆境や変化の波に立ち向かい、それを克服していかなければなりません。

　そのためには、**「改善でなく改革」**の思考が求められます。

　「改善」は、現状を容認した上で、その延長線上において更により望ましい形に仕上げていこうとする姿勢です。

　「改革」は、現状を否定して、将来のあるべき姿、ありたい姿を基準に、まったく新しい考え方や方法などを取り入れようとする姿勢です。

　つまり「新しい事業価値の創造に取り組む姿勢」と言い換えることができるでしょう。

　もちろん、通常の状況では、改善の機会を見いだして、今よりも望ましい姿を志向することは必要ですし、それは日本企業のお家芸でもあります。

　ただし、企業が成長期を過ぎ、安定期や衰退期に入ってしまった場合、改革思考がなければ、世間の波に飲み込まれて事業が縮小、業績も悪化の一途をたどることになりかねません。

　そのためには、経営者には、「将来を見据える力」「痛みを伴うことをよしとする姿勢」「チャレンジ精神」「柔軟な発想力」「問題解決思考」が求められます。

　経営者が、「今の企業の実態を客観的に捉えているかどうか」、「将来的な事業リスクへの認識を持っているかどうか」。もしそこに課題を持っているとすれば、「現状における問題の原因を的確に分析できているかどうか」「課題に向けた取り組みに対する決断力と実行力を備えているか」、みなさんは会話の中で確かめる必要があります。

＜④客観的視点＞

　経営者は、総じて自己肯定的な傾向が強いことから、世間の流れに無頓着であったり、他社の動きや状況に対して敢えて背を向ける傾向が見られます。

　いわゆる「唯我独尊」の世界観です。

　これでは、自社を経営者としての視点でしか見ていないことになり、周りから見て自社がどういう存在なのかという客観的視点が欠けていることになります。

　経営者は、常に冷静にかつ俯瞰的に自社を見ておく必要があります。

　そうしなければ、世間の潮流に取り残されたり、他社との格差が知らない間に大きく開いてしまうことにもなりかねません。

　そこで、経営者は、できる限り外部の方々と情報を交換したり、有識者の話に耳を傾けなければなりません。

　そういう点では、金融機関の方々の視点は非常に重要であり、企業の軌道修正に繋げるきっかけになる可能性が高いのです。

　たとえば、みなさんの金融機関が取引をしている同業他社との財務比較分析により、当社の強み、弱みを客観的に知ることや、金融機関の方々は多彩な業種と接点があるわけですから、金融機関の方々から様々な業種における最近のトレンド、動きにかかる情報を入手することで、自社の今後における課題を探るきっかけなるかもしれません。

　もし、経営者の話の中で、みなさんが「少しピンボケしているな」とか、「古い考え方だな」とか、自己満足的な発言があった場合には、「社長の認識は少し古いかもしれないですよ」「今、世の中で最も注力されていることは●●ですが、貴社はどういう取り組みをされていますか」、「同業者である○○さんと比べると、△△な点が弱いように思えます」といった意見や質問を投げかけてみてください。

　それが、経営者にとって、非常に価値のある気づきになるかもしれません。

＜⑤責任の所在＞

　経営者に限らず、人は自分を責めるまえに、他人を責める傾向にあります。

　つまり、「他責」です。

Ⓐ「円安のせいで仕入価格が高騰したことから、減収減益になってしまった」

Ⓑ「社員の能力が低いから、業績が芳しくない」

Ⓒ「消費者は当社の製品の価値をまったく理解していない」などです。

　もしかすると、そこに大きな原因があるのかもしれませんが、「他責」の始末の悪いことは、**「他責をしている限り、状況の改善は期待できない」**ことです。

　たとえば、「社員の能力が低いことで、業績が低迷している」のであれば、これを解決するためには、社員が能力を自ら引き上げてくれるまで待ち続けなければ、業績低迷は解消できないということになります。

　では、どうすればいいのか。それは**「自責」**です。

　「他責」は、「責任転嫁」であり、「言い訳」にすぎません。

　経営者は企業を守り抜くリーダーでなければなりません。

　リーダーが言い訳ばかりしていては、誰もついてこなくなるでしょう。

　上記のⒶの場合であれば、「円安の影響は回避できないが、それに対して為替ヘッジ等の対策や販売価格への転嫁により影響を軽減できないか、経費削減を徹底することで、利益の維持を図れないか」、Ⓑの場合、「社員教育は企業の務めであり、社員のスキルアップを軽視した経営者の責任である。今後は社員教育に力を入れなければならない」、Ⓒの場合、「本当に当社の製品は消費者目線の製品になっているのか検証すべきではないか」「消費者に当社製品の良さを理解してもらうために、サンプル提供を検討するべきではないか」といった風に、自責で考えれば、それぞれに対する対策が考えられ、前に進むことができるのです。

　経営者から、他責の言葉が聞かれた場合、「社長、それは社長が背負うべき責任ではないのですか？リーダーである社長が自ら行動をとらなければ、なにも変わらないですよ」とみなさんからアドバイスをしてあげてください。

　もし、そのアドバイスに対して、素直に受け入れず、「ふざけるな！」「なぜ俺の責任なんだ！」といった責任回避の発言があるようであれば、その経営者はリーダーとしては失格という烙印を押すべきでしょう。

＜⑥他人許容力＞

他人の価値を認めることができるかどうか。

利己的な経営者は、あらゆる歪んだ見方をして、相手を否定しようとします。

成功した経営者に対しては、「たまたま時流に乗っただけで、あいつのセンスは皆無だよ」とか、妬み嫉みともとれる発言が出てきます。

特に立場の弱い相手に対して、恫喝まがいの発言、小ばかにした発言、横柄な態度を示す経営者は経営者としては失格です。これは、「自分に自信がないから自分の存在を認めさせたい」という虚栄心の表れなのです。

また、陰口をたたくのも異常な自己肯定感の強い人に見られる傾向です。

相手や周りの人たちにとって、決して気持ちのいいものではありませんし、人としての度量の狭さをさらけ出しているようなもので、「裸の王様」になり、組織の空洞化を招きかねません。

071

自分にない知識、経験、情意に対して、素直に認め、評価し、逆に相手から何かを学ぼうとする謙虚な姿勢こそが経営者としてのあるべき姿勢です。

私がお会いした優れた経営者の方々は非常に自分に対して謙虚です。

私がまだ20代で法人営業を始めた頃に出会った忘れられない社長がおられます。その方は、初めてお会いした際に、「滝川さんには、いろいろ教えていただきたいと思っていますので、今後ともよろしくお付き合いください」と頭を下げられたのです。私と40歳以上年の離れた方でした。

実はこの方は、私だけでなく、老若男女問わず、出入りの業者の方々に対してもまったく同じ姿勢を取られていたのです。

その後、その会社とお取引をさせていただくことになりましたが、社長の生い立ちを聞くに、さまざまな苦労をされるなかで、**「人への感**

謝の気持ちを忘れてはならない。決して奢ってはいけない。」との思いを強くもたれたそうです。私は、その姿勢に感銘を受け、「とにかくできる限り力になりたい」と、さまざまなお手伝いをさせていただき、順風満帆に企業を成長させられ、その後ご子息にバトンタッチをされました。

　自分に謙虚な経営者には、自然と人が寄ってきます。横柄な経営者からは、人はどんどん逃げていきます。

　また、総じてこういう経営者は、自分には厳しく、妥協を許さないタイプが多いように思います。

　みなさんには、こうした謙虚な経営者に対しては、是非応援してあげてもらいたいと思います。一方で、他人を許容しない経営者の場合は、そうした振る舞いがどれほど自分にとって不利な状況を招くのか気づいていませんし、周りがたとえ助言したとしても、素直に認める経営者は少ないように思います。

　このような経営者と出会ったとすれば、十分に注意をして取引をされるべきかと思います。

＜⑦自己許容力＞

　自分になにか非があることが生じた場合、その非を素直に認められる人物かどうか。

　＜⑥他人許容力＞でお話しした謙虚さを持っているかどうかです。

　「自分も不完全な人間であり、間違いもある」ということを素直に認めている経営者であれば、他人に耳を傾け、決して自分の思考や行動に固執することはありません。

　つまり、経営判断において臨機応変な対応が可能になります。

　一方で、「自分は完璧である」と信じている経営者は、自分に非があったとしても、それを認めず、言い逃れをしたり、周りに責任を転嫁する傾向が強くなります。まさに「漱石枕流（そうせきちんりゅう）」な姿勢です。

　このような経営者の場合、正しい決断が遅れ、致命的な事態を招く可能性もあります。

　優秀かつ人望のある経営者は、＜⑥他人許容力＞を併せもつ志向が見られる傾向がありますので、経営者を見る場合＜⑥、⑦＞をセットにして観察してみてください。

＜⑧失敗許容力＞

　サントリー創業者である鳥井信治郎氏がことあるごとに口にしていた言葉、**「やってみなはれ」**。これは、失敗を恐れず果敢にチャレンジすることを良しとし、失敗したとしても、また考えればいいという考え方です。

　新たな挑戦には失敗は付きものです。しかし、何度も失敗を繰り返し、試行錯誤する中で生まれた成果は、企業に飛躍的な成長をもたらしてくれるのです。

　ただし、そのためには、緻密な努力と決して諦めない強い信念が必要です。

　企業のステージが、安定期から衰退期に入った時期に、「失敗を許容し、新たな事業に果敢に挑戦する」志向がなければ、企業は末期を迎えることになりかねません。

　「石橋を叩いても渡らない」という消極的志向の経営者では、現状維持を良しとし、全くリスクを取らないか、リスクを取ったとしても、想定されるリターンとのバランス認識が欠如しており、なにか少しでも想定外の失敗やダメージが出た時点で、守りに入ってしまう傾向があります。

　このような経営者のもとでは、社員のモチベーションは低下し、組織の活気は失われてしまいます。

　経営者に対して、「社長はこれまでに経験された最大のチャレンジはどんなことでしょうか」「その際に、多くの失敗や挫折もあったのではないかと思いますが、どのようにしてそれを克服されてこられたので

しょうか」と聞いてみてください。

　その際、「いや。私はあまり新たなことに挑戦することは嫌いでね。これまでもそうだったが、これからもこの事業で勝負していこうと思っているよ」といった事業意欲を感じることのできない言葉がでてくるようであれば、将来どこかで難局にぶつかる可能性を考慮しておくべきです。

＜⑨解決方法＞

　問題が生じた際に、どういうプロセスで問題解決に臨んでいるか。

　多くの経営者は、間違ったプロセスで時間と労力をかけて結果的に問題が全く改善させていないことが多く見受けられます。

　間違ったプロセスとは、問題に対してすぐに方法論に飛びつこうとする思考。

　たとえば、「主力製品の売行きが悪い」という問題が発見された際、「じゃ、広告を打とう！」「営業がたるんでいるからだ。営業要員を増強せよ！」「販売先にインセンティブをつけて販売強化だ！」といった対策を打つことです。

　もしかすると、これでうまく解決する可能性もゼロではありませんが、ほとんどは徒労に終わることになります。

　なぜか。それは、原因を追究していないからです。

　もし、販売低下の原因が、製造現場において市場ニーズの変化に対してなんら対策を打っていなかったことで、消費者の嗜好とミスマッチが生じてしまっていたことが原因だとしたらどうでしょうか。

　上記の対策はまったく的外れになります。

　その場合、市場調査を徹底的に行い、製品の見直しを行うことが解決の糸口になります。

　経営者に対して、「貴社では、問題が生じた際に、どのように解決をされているのでしょうか」と問いかけてみてください。

　「その場合は、徹底的に原因を追究して対応を考えている」という答

えであれば正解ですが、「考え得るできる限りの対策をすぐに考えて対応するようにしている」という答えであれば、この経営者の思考プロセスは方法論優先型であり、企業の問題解決力は非常に脆弱であると判断すべきです。

＜⑩リスク認識力＞

リスクに対して感度が高くなければ、気づいた時点では手遅れになっているかもしれません。特に企業の場合、リスクの程度によっては屋台骨を揺るがす可能性もあります。

事業環境変化による業績悪化、製品性能不備によるリコール、競合企業による新製品の開発、他業態からの参入、企業情報・顧客情報・人材等の外部流出といった「経営リスク」、過剰労働、ハラスメント等の労働問題にかかる「労務リスク」、自然災害・人的災害等による事業休止、設備等損傷による「事業継続リスク」、社員による交通事故・詐欺行為・コンプライアンス違反等による「レピュテーションリスク」、資金繰り悪化、取引先倒産等による「財務リスク」、など、多様なリスクが存在します。

顕在化されたリスクは、徹底的に原因を追究して対策を講じる必要がありますし、潜在的なリスクに対しては、日ごろから高いアンテナを張り巡らし、細部にわたる観察力をもって、リスクの顕在化を回避する、或いは顕在化した場合を想定して、シュミレーションを行っておく必要があります。

経営者に対しては、「貴社の想定されるリスクはどのようなことが考えられるのでしょうか」「そのリスクに対してどういった対策を講じておられるのでしょうか」といった質問をしてみてください。

これに対して、明確な回答があり、みなさんが納得できれば問題ありませんが、そもそもリスクの認識が甘かったり、全く対策を講じていない場合は、事業継続性における疑義を懸念すべきかと思います。

＜⑪執着心＞

　経営者は、自身の事業に対して矜持（自負、プライド）をもっていなければなりません。

　明確かつ世間からも認められるビジョンのもとで、どんな艱難辛苦に直面しようとも、自分の描いた「ありたい姿」を実現するために、歯を食いしばって立ち向かう覚悟が必要です。

　そうすれば、自身の事業に対して心から愛情を注ぎ、敬意を表し、執着する姿勢が生まれます。

　執着心とは、「その事業に対して徹底的にこだわり抜き、寝食を忘れて心を注ぎ続ける」ことです。

　成功する経営者は、とてつもない執着心を持ち続け、常に最善の状態に近づけようと日々研鑽を惜しみません。

　そういう経営者からは、「私はこの事業に命をかけている」「私はこの事業をするために生まれてきた」「この事業は私のいきがいである」「この事業を成功するためにはどんな苦労も惜しまない」といった、揺るぎない信念を感じさせる言葉を聞くことができるはずです。

　経営者に対して、「社長はこの事業を始められたきっかけはどういったことなのでしょうか」「社長はこの事業にどのような思い入れがあるのでしょうか」と尋ねてみてください。

　「実は社会において、いまだこの事業に対する偏見があるが、この事業は地球を救うために絶対なくてはならないと思い一念発起して立ち上げた」「この事業は私にとってかけがえのない挑戦なんだ」といった熱意のある言葉が聞かれたならば、この経営者はどんな難局におかれたとしても、必ずその局面を打開するだけのパワーを持っており、応援すべき企業であると言えるでしょう。

　金融機関に対しても、事業を成功させるための大切なパートナーとして、さまざまな局面において協力を仰ごうとする誠実で謙虚な姿勢を見せるはずです。

<⑫事業方針>

　ある程度の事業規模の会社になると、中長期戦略を明確にするために、中期経営計画等の具体的な事業方針や財務目標を設定する企業が増えてきます。

　たとえ事業計画という戦略方針が定められていなくとも、経営者の頭には長期的な企業のビジョンマップが描かれているはずです。

　ただ、こうした事業方針も環境の変化や時代の変遷に併せて、柔軟に軌道修正を行うことが求められます。

　「一度決めたことは初志貫徹することが絶対である」といった頑固な考え方では、この千変万化の世の中を渡りきることは難しいでしょう。

　これは、新たな分野や事業に取り組みはじめ、相応の人的、物的、資金的資産を投入していたとしても、前提条件や将来設計に大きな狂いが生じたり、より効果的な分野や事業が現れた場合には、英断をもって方向転換を図れる決断力が求められます。

　つまり、基本姿勢は、「首尾一貫」であり、定められた事業方針を徹底的に推進することが求められますが、状況に応じて「朝令暮改」もよしとする柔軟な対応力が必要です。

　決して「頑迷固陋（がんめいころう）」の石頭であってはなりません。

　経営者が、「私はとにかく決めたことは絶対やり通す。なので、周りからも頭が固いと言われるが、それは私のポリシーだから。」といった発言があれば要注意です。

　みなさんは、経営者に対して、「社長は、仮に環境変化によって事業方針の変更を求められるような局面では、朝令暮改もよしとするお考えでしょうか」と尋ねてみてください。

　「もちろん、状況変化に対しては、たとえ大きなプロジェクトであったとしても再考する柔軟な対応を心がけている」といった言葉が聞かれれば、一安心です。

＜⑬決断のタイミング、決断力＞

　＜⑫事業方針＞にも重なりますが、特に中小企業の経営者は、正念場を迎えた重要な決断の局面は当然のこととして、あらゆる事象、事項にかかる決断を迫られる機会が多くあります。そこで、優柔不断な対応をとって、決断を引き延ばしたり、部下に委ねるようでは、経営者としては失格です。

　また、社内のルールに縛られて、定められた判断機会を待つようでは、タイミングを逸することにもなりかねません。

　たとえば、重要な案件が突然発生し、即断を求められたにもかかわらず、「取締役会は月末の第一月曜日だからそれまで判断はできない」といった杓子定規な対応を取るようなケースです。

　こうした状況においては、即座に取締役会メンバーを招集して結論を急ぐべきです。

　経営者には、「貴社においては、突然の重要な議題、たとえば取締役会付議事案などが出てきた場合、どういう対応を取られていますか」「部下が社長に即断を求められた場合、社長はどう対応されていますか」と尋ねてみてください。

　「判断は私ひとりではできないし、取締役会など役員を突然招集するのも難しいから、原則に則って対応している。また、即断などすれば判断を誤るかもしれないからね」といった発言があれば、業績に表れている可能性もあり、他の役員あるいは社員に対して、実態はどうなのか確認してください。場合よっては、こうした経営者の姿勢に対して、社内で不平不満がはびこっている可能性も考えられます。

＜⑭コンプライアンス＞

　＜⑩リスク認識力＞において、企業を取り巻くさまざまなリスクについて述べましたが、ここでは特に社内におけるコンプライアンス体制についてお話ししたいと思います。

　特に経営上において未だ対応が不十分と思われるのが、

Ⓐ**労働基準法の遵守**
Ⓑ**ハラスメント対策**
Ⓒ**適正な情報管理の３点**です。

　これらに対して、特に古い考え方の経営者は、その重要性を認識していないことで対策が後手に回ってしまっている傾向が伺えます。

　Ⓐについては、労働時間は労働基準法で定められており、それを超過するためには、36協定の締結・届出が必要です。また、その場合においても上限の定めがあります。（一部の事業については、2024年3月末まで猶予）

　また、時間外労働に対しては、決められた割増賃金を支払う義務がありますが、みなし残業代（固定残業代）を支払うことで問題なしと誤認しているケースも見られます。

　もし、誤認により正当な残業代が未払となっている場合、時効である３年間（今後５年に延長される可能性あり）に遡って支払を行うことになりますので、企業にとっては膨大な資金流出が発生することになります。

　Ⓑパワーハラスメント（パワハラ）は、パワハラ防止法によってパワハラ防止措置が義務付けられています。セクシャルハラスメント（セクハラ）についても、男女雇用機会均等法においてセクハラ防止措置が義務付けられています。

　ハラスメントは、「職場を健全に運営していく上であってはならない言動・行動」です。

　ⒶⒷに共通する問題は、（ⅰ）社員の健全な身体・精神状態を阻害するほか、社員の労働意欲を大きく棄損すること、（ⅱ）戦力である社員の離職を招き、労働力の低下に繋がること、（ⅲ）円滑な業務運営に支障をきたし、生産性の低下を招くこと、（ⅳ）ブラック企業として企業信用力の低下を招くことです。

　Ⓒについては、個人情報、顧客情報に対するセキュリティー対策が不十分なことによる情報漏洩に対する対策です。

　これを蔑ろにしていると、過失による情報漏洩だけでなく、悪意の
ある社員や不正アクセスによる重要な企業情報の外部漏洩を招き、企
業価値の棄損、企業信用力の低下、更に損害賠償リスクにも発展しか
ねません。

　これらは、企業存続におけるリスクとして看過できるものではあり
ませんので、経営者に対しては、これらの対策がどのようにとられて
いるのか確認することは必須です。

　また、不十分であると認識された場合には、次のような対応を慫慂
してくだい。

　Ⓐについては、対策が不十分であれば早急に対応すべきですし、残
業代の未払いがある場合には、どの程度の金額になるのか試算して対
応を検討すべきです。

　Ⓑについては、研修等を通じて社員に対する啓蒙活動を実施すべき
ですし、経営者が「ハラスメントを絶対に許さない」という確固たる
姿勢を示すとともに、違反した場合には厳正な処分を実施する覚悟が
必要です。

　Ⓒについても、そのリスクを社員に啓蒙し徹底させるために、規程
の整備も併せて周知徹底する機会を設けるべきです。

　また、これらに対して厳正に対応している金融機関としての知見を活
かして、適切なアドバイスや対策について、自行庫内のリソース、提携
先のリソースを活用したソリューションを提供できるものと思います。

＜⑮データ分析力・把握力＞

　経営者は、数字に対する感応度が高いことが求められます。

　自社の財務データ：売上高、原価率、経費率、（営業・経常・当期）
　　　　　　　　　　利益、主要商品別（顧客別）売上高、商品別（顧
　　　　　　　　　　客別）原価率、現預金残高、金融機関借入額、
　　　　　　　　　　金融機関借入金利水準、年間資金繰り・月中資
　　　　　　　　　　金繰りの特性など

市場データ：株価、為替、金利、オイル、商品市況など

経済・社会データ：人口推移、消費者物価指数、卸売物価指数、失業率など雇用関連データ、経済成長率、景気指数など

　正確な数字でなくとも、おおよその数字や傾向を認識しており、大きな変動があった際に、即座にその原因を分析して、対策を打てるスピード感が求められます。

　たとえば、売上が前年同月比、前月比どうなのか。もし減少している場合、どの程度利益や資金繰りへのインパクトがあるのか。もし、それが看過できるものでなければ、その傾向がいつまで続きそうなのか。その推測に対して、どういったコスト削減で対処が可能なのか。

　また、為替や株価が円安、株安になることで、どの程度調達コストが増加するのか、投資有価証券の損失見込額はどの程度膨らむのか。など、概算値を即座に捉え、コスト削減や有価証券の売却等の判断を速やかに行えるかによって、これらに対するインパクトを軽減することが可能になってきます。

　経営者に対しては、たとえば「半導体価格の上昇によって、貴社製品の原価コストはどの程度上昇する見込みなのでしょうか」「前年同月比で今期の累積売上高は10％減少していますが、それに対する対策は取られているのでしょうか」と質問した際に、「当面は既存在庫での対応で問題ないが、これが３か月以上続くと原価コストが価格上昇分膨らんでしまう。弊社の原価率は50％なので、その分販売価格に転嫁できないか販売先との交渉をしなければならない」「売上減少は販売価格の上昇による消費者の買い控えが原因だと思われるが、年末にかけては徐々に回復すると見込んでいるので、当面は様子を見ながら無駄な経費を削減するよう指示を出している」といった様に、的確な分析と対処方針が確認できれば、みなさんも安心だと思います。

　一方で「そうみたいだね。ただ、これまでも同じようなことがあったが大事には至っていないから様子見かな」「10％程度なら当社は大丈

夫。現場がしっかり対応してくれていると思うので、心配いらないよ」
といった、根拠のない判断、無責任な対応をする経営者の場合、対策
が後手に回ってしまう可能性もあり、経営状況に対して不安を感じざ
るを得ません。

Ⅲ　姿勢

<①周囲への姿勢>

　CS（顧客満足：カスタマーサティスファクション）、ES（社員満足：
エンプロイーサティスファクション）、PS（取引先満足：パートナー
ズサティスファクション）SS（社会満足：ソサイエティサティスファ
クション）など、企業を取り巻く関係者に対して満足を提供すること
が謳われていますが、結局は、一言で言えばあらゆる**SS（ステーク
ホルダー）に対する満足を与えることが求められることになります。**

　そのために経営者が常に心掛けておかなければならないことは、**「感
謝」の気持ち**です。

　企業が社会に存在し続けられるのは、①社会に必要な企業であるか
ら、②取引先や消費者が信頼して取引をしてくれているから、③社員
が働きがいを感じてくれているから、④株主が投資妙味を感じて株式
を保有してくれているからに他なりません。

　つまり、彼らがそっぽを向いてしまえば、企業の存続はほぼ不可能
になります。

　今、こうしたさまざまな関係者の方々が、こちらを向いてくださっ
ていることを「当たり前」、「当然だ」と考えていると、「感謝」の気持
ちは生まれません。

　「感謝」の気持ちがあれば、自然と相手に対する敬意が言葉や行動に
なって表れます。

　その言動・行動をみて、ステークホルダーの方々は、「この会社と
もっと関係を持ちたい」「この経営者のお役に立ちたい」と益々好意を

いだいてくれるはずです。

　経営者に、「この会社にとって、一番大切な人は誰でしょうか」「経営者として重要なパートナーは誰でしょうか」「社長にとってお取引先や社員の方々はどんな存在でしょうか」と尋ねてみてください。

　中には、「この会社を経営しているのは私だ。私が最も重要な人物である」「重要なパートナーは最大手の●●社だ」「社員は主従関係の立場にある従業員である」といった回答があれば、非常に偏狭でかつ自意識過剰な経営者であると考えるべきです。

　こうした経営者に対して、ステークホルダーの方々は、表面上愛想よく振舞っていたとしても、心の中では不快な思いをしているはずです。

　もし、業況が悪化してくれば、蜘蛛の子を散らすように離れていく可能性が高いと考えるべきです。

　また、「感謝」の気持ちは、「丁重な挨拶」にも表れます。顔をあわせても、横柄な態度で丁寧な挨拶ができないような経営者は経営者としての資格はありません。

＜②リーダーシップ＞

　すでにリーダーとしての資質、思考、行動について、お話ししてきましたが、あえてここで申し上げるリーダーシップは、**「率先垂範」で先頭に立って陣頭指揮をとる一方で「権限移譲」により積極的に部下を育てる、組織のリーダーに求められる行動スキル**です。

　これを備えたリーダーには、多数のフォロワー（追随者）が自然と集まってきます。

　では、どういう意識が求められるのでしょうか。

　連合艦隊の司令長官であった山本五十六氏の言葉で、

　「やってみせ　言って聞かせて　させてみて　ほめてやらねば　人は動かじ

　話し合い　耳を傾け　承認し　任せてやらねば　人は育たず

　やっている　姿を感謝で見守って　信頼せねば　人は実らず」とい

う名言があります。

　「まず率先垂範し、やり方を教えて、やらせてみて、その結果を褒めてあげることで、部下は動いてくれる。議論を行い、部下の意見にも耳を傾けて、その意見を肯定し、やらせてみなければ、部下は成長しない。頑張っている部下の姿を当たり前と思わずに感謝しつつ見守り、信頼してあげなければ、部下は実を結ばない」ということです。

　リーダーとして「率先垂範」は心がけているものの、自分の能力を過信し、また人を信用できず、自分がすべてにおいて正しいものだと心得違いをしていることで、「権限移譲」が全くできない、あるいは、任せても兎角やかましく口出しをする経営者は多いものです。

　「権限移譲」は、当然任せっぱなしになってしまうと、経営者としての責任放棄にもなりますので、しっかりとフォローすることは大切ですが、極力部下に考えさせて、部下が抱える問題に自力で対処させる。そうすることで、人として成長していくのです。

　つまり経営者は、あくまでアドバイスに留めることが肝要です。

　経営者には、「他の役員や社員の方々にある程度業務を任せるタイプですか」「部下の方々は信頼できますか」と尋ねてみてください。

　「弊社の役員、社員は人はいいんだが、自ら積極的に動こうとする姿勢がない」「まだまだ部下には任せられないよ」といった発言があれば、意識改革を行う必要があるかもしれません。

　尚、最も悪いのは、経営者としての職責を放棄し、すべてが部下任せとなり、主体的な判断ができない経営者です。

　「私は形式的な経営者だから」「私には経営能力がないから」といった唖然とするような発言があれば、経営者の資質を疑い、場合によっては、経営者の権限移譲を具申することも検討すべきです。

＜③コミュニケーション＞

　経営者のコミュニケーション力の高さは、相手の信頼形成に大きく影響します。

コミュニケーションといっても、饒舌な経営者は要注意です。

多弁で、訊きもしないことを長々と話し続けたり、過去の自慢話、大風呂敷を広げたような将来の夢物語を滔々と語る経営者は、自分にあまり自信を持っていないか、妄想癖があると考えられます。

有能な経営者は総じて寡黙です。自分からはあまり発言をしません。

どちらかというと、相手の話に耳を傾け、信頼に耐えうる人物なのかどうか注意深く観察しています。

ただし、「この人は信頼できる人物だ」と判断すれば、一気に心を許して、表情も豊かになり、いろいろな話題を提供してくれるはずです。

決して、多弁な経営者に対して、「話やすい人だな」「面白い経営者だな」と錯覚しないでください。

中には、例外もあるかと思いますが、あまり信用ができない人であると思ったほうが無難です。

一方で、終始寡黙を貫く経営者もいます。まだ、みなさんに心を許していない可能性もありますが、必要最低限の言葉しか発しない経営者は、金融機関に対して嫌悪感を感じているか、或いは大きな不安を抱えて「心ここにあらず」という状態かもしれません。

その場合は、「社長、なにか過去に金融機関に対して不快な思いをされたことがあるのでしょうか」「何か失礼なことを申し上げましたでしょうか」「もし何かご不安を抱えておられるようであれば、お話しいただけませんか」と、尋ねてみてください。

ここに原因があれば、「実はね・・・」と話を引き出すことができるかもしれませんが、もしそれでも態度が変わらないようであれば、一度仕切り直して、他の役員か社員に日ごろの経営者について確認してみてください。

そもそも寡黙な経営者であるとすれば、経営者として適任な人物ではないと思います。

なぜなら、対人能力に欠けており、人との信頼関係を構築すること

ができませんから、ビジネス機会を失う可能性があるほか、社内での
信望も高くないと思われるからです。

＜④性　格＞

相手に対して、表裏なく接し、表情も豊かで、笑顔が絶えない経営
者は周りからの信頼も厚いと思われます。

まずは、みなさんの第一印象で、接しやすい性格かどうか判断して
みてください。

ただし、中には表ではニコニコして、美辞麗句を並べて相手を持ち
上げたり、話を熱心に聞こうとする姿勢を見せながら、裏では辛辣な
言葉を口にする二重人格の人もいます。

逆に、一見冷徹に見えて、言葉も歯に衣着せぬ厳しい口調でも、実
は非常に温かい心を持っている経営者もおられます。

ですので、**第一印象だけで偏見をもたず、客観的な意見を聞くこと**
です。

社員、取引先や社内に親族がいれば、そうした人たちに客観的な人
物像を伺うことで、実像が見えてくるでしょう。

実は、ある会社の経営者にお会いした際、笑顔で感じのいい方だと
思ってのですが、あとで社員の方に話を聞くと、「社長はいつもああな
のです。最初にお会いする方には愛想がいいのですが、社員には非常
に厳しいですし、ハラスメントまがいのことは日常茶飯事です」と聞
いて驚かされたことがあります。

＜⑤見た目＞

「人は見た目が９割」と言われますが、外見はその人の意識の表れ
であり、９割と言わないまでもかなり重要であることは間違いありま
せん。

経営者は、やはり様々な方々にお会いすることから、**「身だしなみ」**
は重要です。

　ただ、決して「おしゃれ」である必要はありません。

　「身だしなみ」とは、相手や周りに不快感を与えない、TPO(時間（Time）、場所（Place）、場面（Occasion)) に応じた服装や髪型などを行うことです。

　清潔感や周りとの調和などが求められます。

　「おしゃれ」は、相手や周りを気にせずに、自分の好きなものを身につけることです。

　「おしゃれ」は、どちらかというと自己アピールであり、その結果として目立つことを求めますので、利己的であり、独善的な志向です。

　また、中には「私は金持ちである」ということをアピールすることで、相手に対して優位に立とうとする人もいます。

　こういう人は、実は虚栄心が強く、「嘘を平気でつく」「相手を褒めない」「プライドだけは高い」という特徴を持っています。

　こういう経営者は、常に周りの目を気にして、「最高の経営者だ。俺は君たちとは違う」という意識を常に持ち続けたいため、日常の生活も派手で、経営が苦しくなっても生活水準を維持しようとする傾向が強いため、結果的に身を亡ぼす可能性が高いとみていいでしょう。

　ただ、一方で、全く外見に無頓着で、みすぼらしい恰好の経営者は、たとえ中身が素晴らしくとも信頼を得るには、相当とびぬけた能力や結果を出していなければなりません。

　実は、外見については、無意識にそうなってしまっている人もいますので、もしみなさんが気づいたら、「社長、すごく素敵な洋服に時計ですが、あまり華美な格好は周りからいい目で見られないかもしれないですよ。折角素晴らしい経営者なのに損しないようにしてくださいね」とうまく言葉を選んで注意されてもいいかと思います。

＜⑥好奇心＞

　有能な経営者は、総じて好奇心旺盛です。とにかく新しいことに目敏く、情報に敏感です。

　現代の変化の激しい社会において、企業経営の適応能力を高めるためには、常に高いアンテナと周りへの好奇心、関心を持ち続けることが経営者には求められます。

　企業に直接関連する情報だけでなく、幅広い世間の動向、金融市場の動向、老若男女を問わず多様な年齢層で流行っている商品、サービスなど、社会全体の変化に対する動向をいち早く手に入れたいと考えています。

　ですので、総じて会話の際に見られる特徴としては、**「前のめりの姿勢」や「うなずき」「質問」の多さに加え、「眼光の鋭さ」**が見られます。

　好奇心のない経営者は、新鮮な情報に対して、上の空であったり、あまり関心を示さず、どちらかと言えば、現状や過去の話に執着する傾向が見られます。

　経営者に対して、「社長の最近の関心ごとはどんなことでしょうか」「最近、●●が流行っているようですが、ご存じですか」と尋ねてみてください。

　「専ら趣味のゴルフのことで頭が一杯だよ」「孫が可愛くてね。いつか一緒に行きたいと思っているんだ」「会社の30周年がもうすぐなので、どんなイベントを実施しようかと考えているところだ」「あまり最近の流行には興味がなくてね。それより昔流行った〇〇について、君は知っているかい」といった「身近なこと、プライベイトなこと、既知のこと」に目が向いているようであれば、経営者としての情熱が削がれてきているのかもしれません。

　一方で、好奇心の強い経営者であれば、「3年後に完成を予定している新たな開発プロジェクトだ」「同業の△△が最近はじめた新たなサービスがどの程度市場に受け入れられるのか」「世界の物流体制がいつ正常化するのかどうか」「そうなのか。その話ちょっと詳しく聞かせてくれないか」といった「将来にかかわること、社会情勢にかかわること、未知の世界にかかわること」に高い関心を示すはずです。

＜⑦活字親和度＞

　＜⑥好奇心＞にも繋がる話ですが、有能な経営者は、得意不得意で線引きをせず、さまざまな世界にアンテナを張り巡らせ、知見を広げたいと考えています。

　朝は新聞に目を通し（関心の高い経営者は複数の新聞を購読しています）、政治・経済・経営にかかる雑誌類、最近はやりのビジネス書などを読み漁り、企業経営のヒントを取り込もうとしています。

　これらは、業界動向だけでなく、他社の取り組みや、最近の注目ニュース、トレンド、経営に対するアドバイスなど、知識習得に留まらず、経営者としての資質を高めるためのヒントを学ぶ重要な機会になります。

　また、こうした情報をヒントにして、新たなビジネス機会に繋げていく契機にもなります。

　文字情報に疎い経営者は、それを映像情報（テレビ、インターネット等）や他人から得る情報でカバーしていかなければなりませんが、残念ながら、これらの情報の場合、歪曲された情報に加工され、精度（正確性）が劣るリスクがあることを念頭に入れておく必要があります。

　もちろん、他人からの情報は、信頼性、鮮度、非公開性の高い情報も含まれていることから、重要な情報ルートとして確保しておくべきでしょう。

　経営者の方々に、「社長は、日ごろどのような活字媒体を活用されていますか」「最近読まれた書籍で関心を持たれた書籍はございますか」といった質問をしてみてください。

　「毎日、日経新聞と業界紙は欠かさず読んでいるし、ダイヤモンドやプレジデントなどの雑誌も定期購読しているよ。最近読んだビジネス書だと、○○からいいヒントをもらったよ」といった具体的な返答があれば、非常に感度の高い経営者と言えるでしょう。

　もし、「あまり活字を読むのは不得手でね。専らテレビやインター

ネットの情報が主流かな。」といった返答があれば、「経営のヒントに
なるような重要な情報リソースはお持ちなのでしょうか？たとえば、
社長の右腕でもある●●専務とか」と問いかけて、「そうだね。私はあ
らゆる業界の経営者と人脈があるので、彼らとの会合や情報交換で最
新の情報は十分取れていると思っているよ」ということであれば、そ
れはひとつの情報戦略かもしれません。

＜⑧潔白性＞

　経営者は、企業のトップであることを自覚し自制心を働かせなけれ
ばなりません。

　私利私欲で物事を判断し、あたかも自分のおもちゃのように企業を
位置付けていると、結果的に安きに流され、さまざまな誘惑に引き込
まれかねません。

　経営者の周りには、多種多様な人が寄り付いてきますが、中には、
会社の金を目当てにした不逞の輩も混じっています。

　政治家、宗教家、芸能人といった経営者の心をくすぐるような立場
の人たちにまんまと引っかかってしまい、金を吸い取られた経営者を
私は多く見てきました。

　また、巧言令色を操った暴力団や洗脳集団などに巻き込まれでもし
たら、取り返しのつかない事態を招きかねません。

　そうした事態も想定して、常に「この人の目的はなにか」「この人と
付き合って企業としてどういうメリットがあるのか」「この人は信頼性
が高い人物か」といったフィルターを通して冷静に相手を見て、「企業
や個人にとって間違いなくプラスになる」と確信がもてた相手とだけ
関係を持つ慎重さが求められます。

　これは、プライベイトの付き合いにおいても同様です。

　**経営者は経営者としてだけでなく、一人の人間としても清廉潔白で
なければなりません。**

　経営者に対しては、「社長は、どのような方々と交友関係をおもちな

のでしょうか」「社長だとかなり有名な方々ともお知り合いなのでしょうか」と尋ねてみてください。

　ここぞとばかりに、「実は、私は○○党の政治家とはただならぬ関係でね。いろいろご支援しているんだよ」「頼まれるとノーと言えない性分でね。寄ってくる人とは相応にお付き合いをするようにしているんだ」といった発言があれば、要注意です。

＜⑨趣　味＞

　経営者は多趣味な方が多いように思いますが、中でも有能な経営者は、ひとつのことに拘り、趣味の域を超えて徹底的に趣味を追究する傾向が見られます。

　ちなみに、私は小説愛好家で、特に歴史小説と金融小説を好んで手に取っており、月に10冊程度を読んでいます。歴史小説は、ビジネスへのヒントにもなりますし、日本のみならず海外の地政学なども学ぶことができますので、知見を広める上で非常に役にたっていると思っています。

　経営者の多くの方々に親しまれているのがゴルフですが、私の知る限りゴルフ愛好家の経営者は、ハンディキャップがシングルの人やシングルを目指して徹底的に打ち込んでおられる方が多いのが特徴です。

　ゴルフは精神力を問われるスポーツであり、さまざまな気候変化やコース状況に応じて戦略を講じていく知的スポーツでもあります。また、ゴルフを通じた多彩なメンバーとの交流機会にも繋がるなど、ビジネスにも通じるところが多々あるのです。

　私は銀行員時代、ゴルフを趣味にされている方には、必ずハンディキャップを伺うようにしていました。

　これをひとつのメルクマールにして、経営者を勝手に評価していたのです。

　尚、趣味であっても賭け事を愛する経営者は要注意です。

　麻雀、パチンコはいいとしても、競馬、競輪、競艇といったギャンブルにのめりこんで身を持ち崩す人もいます。こうなっては、経営どころではなくなってしまいます。

　経営者には、「社長の趣味はなにでしょうか」「その趣味を選ばれた理由はなんなのでしょうか」と尋ねてみてください。また、その腕前（ゴルフであればハンディキャップ、武道であれば段など）も併せて聞かれるといいと思います。

　趣味は趣味ですので、直接ビジネスに通じる必要はありませんから、非日常を楽しむことでのストレス発散、健康維持など、間接的にビジネスに繋がっていればそれはそれで問題ありません。

　ただし、繰り返しになりますが、それが主となり、ビジネスが疎かになってしまっているようであれば、本末転倒であり、経営者としては失格の烙印を押されることになりかねません。

Ⅳ　資質

＜①事業専門性＞

　大企業の経営者は別にして、中小企業の経営者の場合、事業に精通していることが望まれます。中小企業の場合、ある程度限定した領域で勝負していくことになりますので、その事業における知見を深めることで、事業環境の変化に対して機敏に対応できる柔軟性、機動力を磨いていく必要があります。

　そうしなければ、よほど参入障壁の高い事業領域か、事業領域でのすみ分けが明確になっていない限り、経営判断に迷いが生じたり、正しい経営判断ができず、他社との競争に敗れ後塵を拝する危機に直面する可能性もでてきます。

　そのためには、業界内における最新動向、新製品・サービス情報、製品・サービス知識等に対する貪欲な学習姿勢が求められます。

　中小企業の場合、人的リソースは限定されることから、経営者自ら

が社員の指針となるべく知識形成を行って、社員教育の陣頭指揮に立つことも求められます。

　また、複数事業を行っている場合においては、一事業に精通することよりも、全体事業に対して幅広い知見を有し、それぞれの事業における細かい知識については、社員の知見に委ね、事業間のバランスや最適なポートフォリオをどうマネジメントしていくかに軸足をおくべきです。

　みなさんは、企業を取り巻く市場環境、競合・同業他社、当社の技術・製品・サービスの特長について、経営者にヒアリングをしてみてください。

　それに対して、明確な回答が得られれば問題ありませんが、たとえば、「業界の特性や業界の動向について知見が浅い」「競合や同業他社について認識していない」「自社の技術や製品の特長や強みを語れない」ということであれば、最も専門的知識を持っている方が誰か確認し、その人物に同じ質問をしてみてください。

　もし、納得のいく回答が得られた場合、その人物に、「経営者とその人物の関係性、なぜその人物でなく現経営者が経営者であるのか」、確認してください。

　経営者が、人心掌握力に長けており、企業経営のスキルに優れ、財務、総務、人事等の経営管理に精通し、また二人の信頼関係が強固であるのであれば、問題はないでしょう。

＜②発想力＞

　経営者が、**いかにフレキシブルな思考力を有しているかによって、新たな事業や製品・サービス開発の企画力に差が生じます。**

　発想力は、第１章の「３．頼りたいと思える担当者とは」でもお話ししましたが、既成概念、先例、常識に囚われていては磨かれません。

　常に、「なにか問題が潜んでいないだろうか」「より便利になる方法はないだろうか」「当社製品の本質的な特長を踏まえた新たな製品がで

きないだろうか」といった「問題開発・問題提起」の視点であらゆる状況を観察し、現状肯定でなく、現状に対し疑問を投げかけてみる思考回路を有しているかどうかです。

　日ごろの会話の中で、「それ面白いね」「こんなことできたら（あったら）いいなと思うことない？」「今、世の中で困っていることってどんなことがあるんだろう」といった言葉が頻繁に聞かれるようであれば、そうした意識が高いと考えられます。

　また、社内で、「アイデア協議会」や「アイデア企画コンテスト」といった、会社全体での取り組みに積極的な経営者は、社員のアイデアを引き出しつつ、自らの発想力を鍛えようとする姿勢が伺えます。

＜③人脈力＞

　経営者にとって**人脈の広さは大きなアドバンテージ**です。

　特に現代社会において、さまざまな問題解決に向けた課題に対処していく上で、自分ひとりの力では自ずと限界がでてきます。

　その際、その力を担ってくれるのが社外の人脈です。

　ただし、それもいざというときに頼りになる人脈でなければなりません。

　よく、「私は彼とは懇意にしている」「私は彼とは○○の会で同じメンバーだ」と言って、交友関係の広さを自慢する経営者がいますが、果たして本当に使える人脈なのかは未知数です。

　本当の人脈は、「お互いが強固な信頼関係で結ばれていて、いざというときに率先してサポートしてくれる相手かどうか」です。

　では、そのような人脈を形成するためには、何が必要でしょうか。

　それは、**「相手の相談や悩みに真摯に向き合えるかどうか」「相手に対して全力でサポートできるかどうか」**です。

　そうすることで、相手は「この人にはお世話になった」「この人には借りがある」「彼に何かあったら何を差し置いても応援しなければならない」という「返報性の原理」が生じるのです。これこそが、本当の

人脈形成の原点です。

　また、真の人脈の幅を広げることによって、自然とその人は多彩な人脈の中核となり、いわゆるハブ的な存在として、さまざまな人から頼りにされることになり、それに対して常に誠実に対応することで、益々そのネットワークを広げることになるのです（図表5）。

　みなさんは、「実は新たなお客様を探しているのですが、どなたかご紹介いただけないでしょうか」「●●な業界に精通した方に話を伺いたいのですが、どなたかご存じではないですか」とお願いをした際、「わかった。それなら何人か社長を紹介するよ」「それなら、彼が適任だ。すぐに連絡してあげよう」と矢継ぎ早に名前が挙がってくれば、それは本物です。

　一方で、「急に言われても難しい」「考えておくよ」といった曖昧な

図表5　人脈の核（ハブ）のイメージ

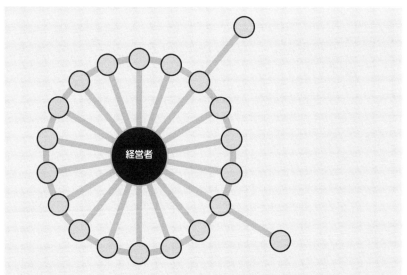

経営者は様々なタイプの人脈を形成することで、多様な問題解決の糸口を得ることができる
さらに、その先の人脈を取り込むことで、膨大な人脈ネットワークを形成し、
この人脈の核（ハブ）になることで、正確で迅速な情報を取り込むシステムを
構築することになる

返事が返ってくるようであれば、人脈は豊富でないと考えたほうがいいでしょう。

　但し、みなさんと経営者との間に信頼関係が構築できていることが前提ですので、まだその段階でない状況で、このような依頼をしても、「厚かましいやつだな」と思われるのが関の山です。

＜④健康状態＞

　経営判断を適切に行うためには、健全な体と心と判断力（脳）が求められます。

　特に高齢になればなるほど、体は疲れやすくなり無理がきかなくなってきます。

　また、これまでに溜まった精神的な疲労が、経営に対する意欲や情熱を徐々に減退させることに繋がります。

　さらに、脳の衰えにより、判断力も鈍りがちになり、俊敏な対応が難しくなってきます。

　もちろん、70歳になっても80歳になってもバリバリの現役経営者として活躍されている方はたくさんおられますが、人間の平均寿命から考えても、60歳を超えてくると総じてこの傾向は顕著にみられることから、本当に無理なく経営者としての役割を果たせる状態なのか、客観的に判断する必要があります。

　また、それに合わせ、後継者養成などの対策が万全にとられているのかも企業存続においては非常に重要です。

　尚、**高齢な経営者だけでなく、健康状態は若手の経営者でも留意が必要**です。

　「食事や睡眠時間が不規則」、「暴飲暴食の傾向にある」、「過酷な労働環境にある」、「ストレスフルな業務環境にある」など、経営者の日ごろの生活習慣、身なり、顔色、言葉にも注意して、そうした兆候がないかどうか留意しなければなりません。

　もし、「疲れた」「やるきがしない」「いつも青ざめている」「覇気を

096

感じない」「服装に無頓着になった」「気分の起伏が激しくなった」な
ど、上記につながるような兆候があれば、「最近、お疲れのようです
が、大丈夫でしょうか」「社長の業務負担の軽減につながることができ
ればお手伝いさせてください」といった声かけも必要です。

　「部下に任せられない」「人を信用できない」「自分でやらなければ気
が済まない」「細かいことにも口出ししてしまう」という性格の経営者
の場合、結果的に、自分ですべてを抱え込んでしまい状況を悪化させ
てしまうことになりかねません。

　もし、それでも状況を改善しようと努める姿勢がみられないようで
あれば、その会社の事業継続性が危うくなる可能性が高いとみるべき
かもしれません。

＜⑤実権力＞

　これは、経営者に本当の実権があるかどうかということです。

　オーナー企業の場合、社長は息子に譲ったものの、依然、父親であ
る会長が実権を握っており、すべての判断は会長に権限があるという
ケースもあります。

　この場合、「経営者を見る」といった場合、社長だけでなく、会長も
見なければなりませんが、なぜ息子である社長に経営権を一任できな
いのか、その裏側を知る必要があります。

　社長にそもそも経営能力がない、あるいは経営能力に不安を感じて
いることが理由であれば、会長の傀儡政権であり、会長が高齢で万一の
ことがあれば、組織が瓦解するリスクを抱えていると考えるべきです。

　また、会長が単に経営に固執しているとすれば、屋上屋を重ねた２
重構造になっており、組織として好ましくありません。また、社員や
関係者にとっても決定権のあるキーマンがどちらなのか混乱しますの
で、組織運営上においても問題が生じます。

　もし、社長の経営能力に疑義があるとすれば、何が原因かを突き止
め、それを時間が解決できるのでれば、金融機関としては帝王学を学

ぶ機会を設けるなど、企業存続を確実にするためにしっかりと支援すべきです。

　もし、経営者としての資質に欠けるのであれば、外部からの登用も含めて、会長と協議を行い、企業存続を優先した体制整備を行うべきでしょう。

＜⑥資産力＞

　オーナー企業の場合は、資産力は重要な要素です。

　事業における信用力が盤石であったとしても、環境の変化によって状況が一変するリスクはゼロではありません。

　また、総じてオーナー企業の場合、利益やキャッシュを会社に蓄えすぎることで株式承継時の株価対策に苦慮することを回避するために、できる限り利益を圧縮し、キャッシュをオーナーに還元する対策を講じています。

　つまり、個人資産を潤沢に蓄えている傾向があることから、個人資産としてどの程度の資産背景があるのかを知っておくことは重要です。

　万一、業績が厳しくなり、会社の資金が外部から調達できなくなったとしても、オーナー企業の場合、企業存続に対するインセンティブは総じて高いことから、個人資産を提供しても企業を守ろうとしますので、個人資産が潤沢であれば、その範囲において資金繰りは問題ないと判断することができます。

　ただし、創業間もない企業であれば、資産背景が脆弱であったり、企業存続にそれほど執着心がない経営者もいることから、その点については、入念に調査をしておくことが肝要です。

＜⑦世間評判＞

　経営者と面談しただけでは、本人の実態が把握できないこともあります。

　経営者は、面談対応については百戦錬磨のつわものですので、本音

と建て前をうまく使い分けていたり、取り繕っている可能性もありますので、余程の達人でなければそれが見抜けないかもしれません。

そこで大切なのが、**第三者へのヒアリング**です。

経営者の参加する会合などで接点のある経営者や、ゴルフ仲間、調査機関など自然体の経営者がどういう人物なのか確認することで、「実は……」という経営者像が見えてきます。

もしその際に、「自分勝手」「自己顕示欲が強い」「表と裏があり本音が見えない」「実は危ない筋と付き合っている」など、ネガティブな情報があれば、その程度を踏まえて、経営者としての資質を備えているのか、総合的な判断をする必要があります。

＜⑧負の経験値＞

経営者にとって、**負の経験値は実は大きな財産**といえます。

成功した経営者の中には、大病を患ったり、大きな災害に見舞われるような経験をしている人が多くおられます。

たとえば、ヤマト運輸株式会社の「クロネコヤマトの宅急便」の生みの親である、故小倉昌男氏は、24歳のときに４年間肺結核で入院を余儀なくされたほか、宅急便を始めるにあたり、当時の運輸省、郵政省との激しい対立を乗り越え、全国津々浦々までサービスを展開する全国網を完成させ、日本屈指の運送事業者に育て上げています。

また、本田技研工業株式会社の創業者である故本田宗一郎氏は、当社を創業する前に興した会社が地震により倒壊する不幸に見舞われ、その後人間休業と称して１年間の休養を経て、ホンダを創業されています。

株式会社ガリバーインターナショナル（現株式会社 IDOM）の創業者である羽鳥兼市氏は、当社を創業する前に興したクレーン事業の会社が詐欺に会い倒産。その後、中古車業界に目を付け、当社を創業し業界トップ企業に育て上げておられます。

３人の経営者に共通することは、壮絶な苦難を克服するとともに、

それをバネにして成功を勝ち取られていることです。

　苦労した経験が全くない2代目経営者が、親から継いだ会社を傾かせるという話をよく聞きますが、順風満帆な人生しか経験していない人は、痛みを感じたことがほとんどないことから、逆境耐性力が弱く、また失敗への備えが不十分であり、いとも簡単に転落を招くことになりかねません。

　尚、負の経験をしているからと言って、絶対安心ということではありません。

　中には、倒産を経験した経営者が、その経験を活かせず、同じ経験を繰り返すこともあります。ですので、経営者に対しては、「社長は過去にどのようなご苦労をされましたか」「事業において辛い経験をされたことはございますか」「その経験は今の事業にどのように活かされているのでしょうか」といった質問をしてみてください。

　その際、その経験からどのようなことを学び、今に活かされているのか、実態と照らし合わせて、納得がいく状況かどうか自分の目で確かめてみてください。

　いずれにしても、このような質問をすることで、経営者の今に至る道のりがよくわかりますし、今後の経営に対してどの程度の耐性力を備えているのかを見極めることができるはずです。

経営者との
対話の切り口

1 経営者との対話の重要性

みなさんはなぜ経営者と対話をしなければならないのでしょうか。それは、

1．経営者を知ることで会社の核（最も重要な要素）の実態を把握するため

2．対話によって相互理解を深めるとともに、自分の存在価値を知らしめるため

3．1、2を通じて、相互がパートナーとして相応しいか判断をするため

4．経営者を通じて会社の全体像を把握するため

5．会社の全体像を把握することで会社の問題・課題を掌握しビジネスに繋げるため

です。

まず、1を実践するためには、第2章でお伝えした「経営者としての資質を判断する50の視点」を活用いただくことが重要になります。

ただし、50の視点に関して唐突に質問を投げかけるのはやや不自然ですので、下記の順序でその場の空気を和ませ、お互いの温度感を整えていくための助走が必要になります。

①経営者に、「会社や自分に興味があるみたいだな」と感じてもらえる質問をする

②経営者に、「こいつはなかなか話せるやつだな」と感じてもらえる会話につなげる

③本題である、「経営者としての資質を判断する50の視点」に沿って質問をする

以上を踏まえて、経営者の資質を確認した結果、「本気でこの企業と

深く付き合っていきたい」と思えたならば、

　④後述の第４章「事業性評価推進を実践するための定性的視点」をもとに、質問の幅を広げていくことで、上記の４に進めていただくことになります。

　では、順番に話の進め方をお伝えしたいと思います。

　①社長室に通された場合、社長室をじっくりと眺めてください。

　社長室には、絵、カレンダー、写真、書籍、記念品、会社の製品などが飾られていると思います。

　それらを一つひとつ眺めると、さまざまな疑問が湧いてくるはずです。

- どこの絵（写真）なのだろうか
- どのようなカレンダーなのだろうか
- 本はどのようなジャンルの本なのだろうか
- 何の記念品なのだろうか
- 製品はどこに使われるものなのだろうか　など

そうして出てきた疑問を一つひとつ質問として投げかけてみてください。

　次ページの写真は、弊社のオフィスのものです。

　これをご覧になって、質問は湧いてきたでしょうか。

103

弊社のオフィス

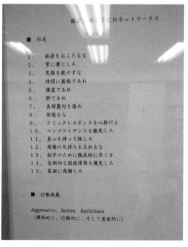

【社長室での会話事例】※（　　）内は心の声

担当者：本日はお忙しい中、お時間をいただき誠にありがとうございます。ところで、こちらに飾られている絵はどちらの絵なのでしょうか。

社　　長：ああ。これはね、横浜港の氷川丸の絵だよ。実は、この会社を設立した際に、銀行時代の同期が展示会に出した絵を寄贈してくれたんだよ。船の絵でもあり、船出にぴったりだということでね。

　　（お、こいつなかなか目の付け所がいいじゃないか）

担当者：それであれば、思い入れのある絵なのですね。
　　ところで、社長は阪神タイガースのファンなのですか？

社　　長：そうなんだよ。生まれが関西でね。生まれた時から阪神ファンで、このカレンダーは毎年買って飾っているのだよ。ちなみに、君はどこのファンだね。

　　（嬉しいこと聞いてくれるな）

担当者：私は東京生まれでして、マイナーかもしれませんが、ヤクルトファンです。

社　　長：そうか。昨年は見事に逆転優勝して、日本一にもなったよね。おめでとう。

担当者：ありがとうございます。しかし、阪神ファンは熱狂的で羨ましいですよ。ところで、かなりの本が並んでいますが、社長はかなりの読書家ですね。

社　　長：まあね。この仕事をしていると、さまざまなビジネス書を読んでヒントをもらうことが大切なんだ。小説はもともと好きでいろんなジャンルの本を読んでいるよ。

　　（俺の自慢の蔵書に目をつけてきたか）

担当者：ちなみに社長お勧めの本はございますでしょうか。私は読書が苦手なんですが、一念発起して読んでみようかと思い始めました。

社　長：金融機関の方だから、まずは金融小説はどうかな。池井戸潤、高杉良、幸田真音、江上剛などもいいが、波多野聖も面白いぞ。ちなみに、私が最近読んで感動した小説は春江一也のプラハの春だな。彼の本はすべて読んだよ。彼は元外交官で、当時のプラハを舞台に日本外交官と東ドイツの女性との恋愛を描いた秀逸な小説だ。

　（さて、どう反応するかな）

担当者：よろしければ、厚かましいお願いですがお借りできないでしょうか。今すぐにでも読み始めたいので。

社　長：構わんよ。なら、持って行きなさい。でも、読み終わったら感想とともに返却してくれよ。

　（お、口だけじゃなさそうだな）

担当者：わかりました。読み終わりましたら、またお邪魔させてください。ところで、そこの写真はいつの写真なんですか？

社　長：これはね。そうだな。ひとつ質問をしよう。弊社の会社名はLTCBネットワークスだが、なぜLTCBという名前をつけているか分かるかい？

担当者：会社のホームページを拝見した際に、社長は元々銀行員で、日本長期信用銀行に入行され、非常に思い入れがあると書かれていましたが、もしかするとその英文名ではないですか。

社　長：さすがだね。よくわかったね。Long-term Credit Bank of Japanの略称だよ。長銀は本当に素晴らしい銀行で、仲間も優秀だったんだが、経営方針を誤ってしまって1998年に国有化されてしまったんだよ。実は、その写真は長銀の仲間たちの写真なんだ。

担当者：みなさん素敵な笑顔をされていますね。確か、写真の上に飾られているのは、貴社の社是ですよね。ホームページで拝見しました。どの言葉も、胸に響きましたし、まさに我々金融機関の人間が心がけるべきことだと思った次第です。特に最後

> の「家族に感謝しろ」は心にグサッと刺さりました。
>
> 　（よく調べてきているな。感心感心）

　ここまでの助走期間に担当者が話題にしたことは、「社長室に飾られている品々」ですが、これは**「社長の大切なもの」「社長の好きなもの」**であるということがポイントです。

　みなさんも同じだと思いますが、自分の「大切なもの」や「好きなもの」にフォーカスして話題を振られたら、いくらでも話したくなりませんか。

　つまり、まずはこれらにフォーカスし、話題のネタにすることで、社長は自ら話を展開してくれますし、そうすることで、「こいつは面白いやつだな」「話ができるやつだな」という印象を植え付けることになるのです。

　では、ここから②、③に進んでいきます。徐々にピッチを上げていきましょう。

担当者：ところで、ホームページで拝見したのですが、貴社のビジョンである「力強い日本社会、日本経済を再構築するオンリーワン企業になること」とは、どういう思いが込められているのか、伺えませんでしょうか。

社　長：（よく聞いてくれた）これは、日本はバブル経済が弾けて以来、30年も経過しているが、未だ回復の兆しは見えず長いトンネルの中にいる。その間の平均成長率は１％にも達していない。そうした疲弊した状況をなんとか打開するためには、企業を支える経営者や社員の意識改革が必要だと思い、私の拙い経験ではあるが、金融機関や一般企業の方々に研修やコンサルティングなどを通じてそのお手伝いをさせていただき、日本の復興に繋げたいとの思いを表したものなんだ。

担当者：なるほど。それがミッションに表れているわけですね。

　経営理念は「倫理観、情熱、謙虚な気持ちを常に忘れず、利他の精神のもとに何事にも全力で取り組んでまいります」と謳われていますが、具体的にはどういう姿勢を心がけておられるのでしょうか。

社　長：絶対に「NO」と言わないことかな。どんな依頼であっても、絶対に「できません」とは言わないようにしている。限りを尽くすことだ。ただし、弊社の信用を棄損する恐れがある場合や相手の本気度が低い場合はお断りしている。

　（なんか気分がよくなってきたぞ）

担当者：（※）ちなみにどのようにしてお客様を確保されているのでしょうか。

社　長：先ほどお話ししたとおり、私が入行した長銀は国有化という形で破綻したが、行員はみな優秀だった。今や、さまざまな世界で活躍しており、彼らのネットワークが最大の武器であり、顧客獲得のリソースになっている。他には、これまでに培った人脈のお蔭で、研修相談やさまざまなコンサルティングの依頼をいただいているんだよ。

担当者：なるほど。社長は幅広い人脈をお持ちになられているわけですね。（※）ちなみに、その人脈を形成するために、なにが必要だとお考えでしょうか。

社　長：やはり経営理念でも謳っているとおり、利他の精神、つまり相手に徹底的に尽くすことだと思うよ。そうすれば、信頼関係ができあがり、いざというときに親身になって対応してくれる。そういう関係を広げていけば、必ず太い人脈ができると思っている。

担当者：（なるほど。理路整然としているし、経営者に求められる資質は十分備えていそうだな。）

　社長は、社長挨拶の中でも、「相互コミュニケーション」や「人的ネットワーク」が企業の成長に最も重要であるとおっ

しゃっていますが、まさにそれを実践されているわけですね。

社　長：（しっかりホームページを読み込んできているんだな。かなり当社に興味をもっているようだ。単なるセールス営業できた担当者ではなさそうだ。もう少し付き合ってみるか）

担当者：ところで、長銀が破綻された時など、ご苦労されたご経験もあろうかと思いますが、差し支えなければお聞かせ願えないですか。

社　長：（いい質問をしてくるな）

長銀で破綻を迎えるまでは、非常に楽しく仕事をさせてもらった。海外経験もさせてもらって、まさに順風満帆にきたと言って差し支えないと思うよ。ただ、長銀破綻の前は本当に辛かった。やはりどこか長銀マンとしての驕りや見栄があったんだろうね。ご迷惑をかけた会社の社長からは、塩をかけられたこともある。本社には連日新聞記者やテレビ局がやってきてそれを避けるのに一苦労したよ。また、当社を立ち上げた際もゼロからのスタートだったので、創業当初の３年間は、実績がないことを理由に仕事を思うように取れなくて、財務的にも厳しい状態が続いたんだ。今だから笑って話せるけどね。

担当者：そうだったんですか。（※）ちなみに、ご苦労された経験から学ばれたことはありますか。

社　長：長銀破綻では、やはり会社の看板の大きさを自分と重ねてはいけない。あくまでも個人としてしっかりした強みを備えておくことが大切だと教わったよ。また、破綻をしたことで大切なお客様を裏切ってしまったわけだから、経営に驕りは禁物だということ。また、今の会社をどん底から救ってくれたのは、本当に仲間のお蔭だったことと、絶対に成功するという諦めない信念があったからだと思っているので、仲間には誠心誠意尽くすことと、信念の大切さを身をもって知ったよ。

（彼は話をさせるのがうまいな。益々乗ってきてしまったな）

担当者：（なるほど。しっかり失敗や苦労から学びを得ている社長だな。これは当行庫として是非お付き合いさせていただきたい会社だな）

　こうしたやり取りをさらに進めながら、時には経営者の返事を踏まえて、より深く質問（上の会話の※の部分）することで、社長の人柄がより鮮明に見えてくると思います。もちろん社長も、担当者に対して徐々に心を開いてくれるはずです。

　いよいよ次章では、上記の4あるいは④に展開していきます。

第4章

事業性評価推進を
実践するための定性的視点

 経営メンバーを
把握すること

　第2章において、経営者の資質を判定するためのポイントや、第3章において、具体的な会話事例をお話ししました。

　ここでは、経営者の右腕である経営メンバー（取締役等）の見るべきポイントをお伝えしたいと思います（図表6）。

図表6　経営者の右腕である経営メンバー（取締役等）の見るべきポイント

	評価ポイント	補足
キーマン	誰が社長の右腕なのか。経営者との関係性はどうなのか	
後継者	後継者候補は誰なのか。経営者としての資質を備えているのか。本人はそれを自覚しているのか	
職歴	どういった職業を経験しているか。出身企業はどこか	当社においてその能力を活かせるのか
管掌部門	それぞれの能力を最大限発揮できるポジションに置かれているか	本当にその部門にふさわしい人物か(能力的、経験的など)
取締役会	取締役会としての機能を果たしているか	形式的で実質社長の一存で決定されているようなことはないか
メンバー関係	メンバー間での意思疎通は図られているか。関係性は良好か	経営体制の安定に懸念を有するような関係は存在しないか

＜①キーマン＞

　本田技研工業株式会社の創業期における本田宗一郎氏の右腕であった藤沢武夫氏の存在に匹敵する人物は誰なのかということです。

　中小企業の場合、経営者一人が明確な指揮官であるケースもありますが、ある程度の規模になってくれば、経営者一人で、企画、財務、営業、開発などすべての部門を取り仕切るのは困難になってきます。

　その場合、経営者の弱みを補完する人材が、経営メンバーの中に存在することで、経営が盤石なものになってきます。

　もし、キーマンである人物が、会社を去るようなことがあった場合には、「経営に支障を来さないのか」、「退職した理由はなにか」、「キーマンの後任となる人物は誰なのか、また後任には補完できる能力があるのか」をしっかり確認する必要があります。

　経営者には、「社長の右腕となる人はどなたになるのでしょうか」「その方は社長のなにを補完してくれる立場なのでしょうか」と確認してみてください。

　また、キーマンが退職した場合には、「●●氏が退職されると伺いましたが、どのような理由で退職されるのでしょうか。また、その後任はどなたになるのでしょうか」と訊いてみてください。ただ、後ろめたいことがあれば、本当の理由を明かさない可能性もありますので、誰か話を聞けそうな人（財務部門や総務部門の管理職、受付の人など）に側面ヒアリングをして裏付けをとっておく必要があります。

113

＜②後継者＞

　第2章の「2．経営者としての資質を判断する50の視点」のⅣ　資質（④健康状態）」でもお話ししましたが、経営者が60歳を超えてくると、たとえ外見上は健康そのものであったとしても、脳の衰えにより、判断力も鈍りがちになり、俊敏な対応が難しくなってきます。

　経営者は、企業の事業継続性を確実なものにするために、後継者の目途をつけておくことが求められます。オーナー企業の場合、最有力はご子息、ご息女等の親族ということになりますが、当人の意向や該当者がいない場合には、社内において指名をすることになります。

　その場合、最も有力なのが①でお話ししましたキーマンです。

　いずれにしても、経営者には、次期経営者候補が誰なのかを確認しておく必要があります。

　もし該当者がいない場合には、外部から登用することも考えられま

すが、その場合は、会社の風土、事業、社員に馴染んでもらうために
も早めに招聘することが肝心です。

　ただし、その場合、本当に後継者として相応しい人物なのか、直接
面談を行い、前章でご紹介した「経営者としての資質を判断する50の
視点」に照らし合わせて評価を行ってください。

　もし、みなさんの判断で不安を感じる部分があれば、経営者に対して
「はたしてその評価が正しいのか」裏付けをとることと、もしそれが事
実であれば、金融機関としてできる限りサポートしていくことです。

　たとえば、経営企画や技術開発の部門に所属している場合、外部と
の交流はそれほど多くないものと考えられますので、金融機関が主催
する「若手経営者の会」、商工会議所などが主催する「青年経営者会」
などに参加を呼び掛けることも一つです。

　また、経営者として、最低限知っておくべき財務知識を学ぶ機会と
して、審査部等による「企業経営に必要な財務戦略」などの研修を実
施することも考えられます。

　金融機関としても、こうした活動を通じて、後継者とのリレーション
を深めることに繋がりますし、そうした機会を通じて、経営者としての
在り方を教育することで、事業継続への保全を図ることにもなります。

　経営者に対しては、「社長はまだまだ現役としてご活躍されること
と思いますが、ちなみに後継者はどなたを想定されているのでしょう
か」「後継者候補の●●氏について、一度ご面談の機会をいただけない
でしょうか」「当行庫として、若手経営者同士の交流機会や学習機会を
提供しておりますので、是非ご活用いただればと思います」といった
提案を行ってみてください。

＜③職　歴＞

　後継者について、これまでの職歴を確認しておくことは重要です。
　社内での経営承継の場合は、さきほどの通り、キーマンに引き継が
れることが多いことから、職歴について確認はできますが、経営承継

のタイミングでご子息、ご息女等の親族を指名する場合、社外で経験を積んだ上で社内に迎え入れるケースや、全く異業種の仕事に就いている状況から急遽呼び戻すケースもあります。

　その場合、**どこの会社でどのような経験をどの程度してきたのか、その会社と当社とはどういう関係なのかを確認をすること**で、社会人経験値、事業経験値、当該会社との親密度などを推定することができます。

　後継者本人の意向でまったく当社事業と関係のない会社の場合もありますし、親密取引先の場合もあります。もし、みなさんの金融機関取引先であれば、後継者の人物像を取引先に確認することもできるでしょう。

　以前は、金融機関で修行をするという経営者候補の方々も多く見かけましたが、金融機関で審査部、経営企画部、営業推進部などの本部に数年受け入れることは、本人にとって非常に貴重な経験になりますし、金融機関としてもリレーション強化を図る上で非常に大きな意義があります。

115

　この場合、後継者本人に面談する際に、「どういう経緯でその会社に入ったのか」「その会社でどのような業務に携わっていたのか」「その会社での経験は当社でどう活かされそうか」確認してください。この質問は、あくまでも本人の経験値を知るためのものですので、決して資質を判定するものでないことをご留意ください。

　また、外部招聘の場合は、経営者に対して、「なぜ内部登用でなく外部から登用されるのでしょうか」「その方を登用されることになったきっかけを教えていただけますでしょうか」「その方の職歴は当社においてどのように活かされるとお考えでしょうか」といった質問をしてみてください。この場合は、おそらくプロ経営者の資質を備えていることが前提ですので、経緯をよく確認するとともに、本人には早々に面談を行い、「経営者としての資質を判断する50の視点」に照らして、客観的な判断を行うことが重要です。

＜④管掌部門＞

　取締役メンバーが、それぞれどの部門を管掌しているのか、その部門における専門性、実績、経営者としての信頼度合いなどについて、経営者に確認してください。

　オーナー企業の場合は、取締役を親族で固めている場合もありますが、果たしてその責務を全うできる人物なのかは重要なポイントです。

　世間では、奥様が経理担当の延長線で財務担当責任者となっているケースが多くみられます。経理業務はある意味事務的な業務ですので、問題はありませんが、財務に関しては、資金調達等における金融機関との折衝、M&Aなど事業投資に際しての事業分析、投資判断、企業の経営方針に基づく財務戦略の策定など、企業経営において基幹となる資金全般の交渉力、判断力、決定力が求められます。

　もし、このような能力が欠けている場合、金融機関や出入り業者の言いなりになって、非効率な調達、ハイリスク商品への投資、不当な価値の企業買収、不利な契約の締結などを行う羽目になる可能性もあります。

　私の知る事例として、懇意にしていた経営者が急逝された後を奥様が継がれましたが、残念ながら経理のこと以外はほとんど関わったことがなく、財務に疎かったことから、それをいいことに筋のよくない金融機関やコンサルタントが質の悪い投資案件を次々と持ち込み、その話を鵜呑みにしてしまった結果、大量の不良債権を抱えることになり、会社が倒産の危機に瀕したというケースがあります。

　特に、財務戦略は企業の安定経営において欠かせないキーファクターになりますので、十二分に留意していただきたいと思います。

＜⑤取締役会＞

　取締役会は、業務執行における意思決定機関として、重要な経営判断が求められる議案を決定する機関になります。

　株主が少数のオーナー企業でない限り、ほとんどの企業は取締役会を設置しています。

　取締役会の運営は、取締役会規程に基づいて行われており、ここで審議される内容については、取締役会規程に定められています。

　特に資金調達や投資については、それぞれの企業の規模に合わせて金額が定められているものの、中小企業の場合は、ほとんどが取締役会で決定されているとみていいと思います。

　ただ、取締役会は設けているものの、実質的にオーナー社長が独断で決定し形骸化しているケースも見受けられます。

　この場合、経営者の暴走を止めることができず、気が付いた時には多額の負債や不良資産を抱えているということにもなりかねません。

　企業が健全な経営を遂行していると判断する上で、**取締役会がしっかり機能しているかどうか確認する必要**があります。

　中には、形式的に取締役会を開催したことにして議事録を作成しているものの、実態は全く実施されていないというケースもあります。

　ですので、みなさんは取締役会規程を確認するとともに、融資の実行、投資案件の実施などを行う場合、必ず議事録（写し）を徴求することを忘れないでください。

　かつて、在籍した銀行において、前任の責任者が実行した融資案件を確認していた際、取締役会議事録に違和感を覚え、よく見てみると印鑑がすべて三文判であったことがあります。結果的に、その会社に問いただし、経営者との面談を求めるものの叶わぬまま、その数日後に粉飾決算で倒産したという苦い経験があります。この会社は、経営者が独断で資金調達を多額に行っており、当時の銀行に説明していた資金使途の購入資産については、リース会社からとの二重調達を行っていたのです。

　もし、その企業が取締役会の議事録の開示を拒否するようなことがあれば、このような事態を疑うべきかもしれません。

＜⑥メンバー関係＞

　大企業でない限り、取締役や執行役員など経営陣の数は限られていることが一般的です。ただ、そのメンバー間の関係があまり良好でな

く、意思疎通は不十分で、横断的な組織運営に支障が生じている企業もあります。

　もし、規模の小さな企業で、このようなことが日常茶飯事であるとすれば、事業推進上好ましいことではありません。

　中には、派閥のようなものが形成され、社長派、専務派など、無意味な争いを引き起こし、結果的に足の引っ張り合いに終始して、適正な経営判断ができなくなるリスクが高まることにもなりかねません。

　こうした状況を外部から見極めるのはかなり難しく、経営者に確認しても、「弊社では経営陣は非常に協力的でしっかりとまとまっている」という返事が返ってくることが通常です。

　この場合、経営陣でない直属の管理職の方か、一般社員の方に何気なく聞いてみることです。

　財務部門の部長、次長に対して「御社の経営陣の方々は仲がよろしいみたいですね」「社内での付議事項についてスムーズに決裁されていますか」と聞いてみてください。

　もし、「いや、こんな規模なのに、社長と専務が対立しててね」「経営陣が二分されていて、相手の管掌部門の案件に対して、お互いに無益な議論に終始するので、判断が遅れて我々現場の人間は大変ですよ」といった嘆き節が聞こえてくるようであれば、注意を払う必要があります。結果的に社内政治に明け暮れる社員が増幅すれば、機能不全を起こして、経営体制が崩壊することにもなりかねません。場合によっては、経営者に対して、「聞くところによると、経営陣での不仲があるようですが、何がきっかけなのでしょうか」と原因の所在を確認して、金融機関として仲裁に入れないものか検討する必要がでてくるかもしれません。また、「経営の健全性の観点からは看過できるものではありませんので、この状態を放置されるのであれば金融機関としての対応を考えなければなりません」といったショック療法的なメッセージを伝えることで、和解に向けて自主的に動いてもらうためのアクションを取るべきかもしれません。

企業の骨格を
把握すること

　次に、企業という箱の構造について、見るべきポイントをお伝えいたします（図表7）。

図表7　企業において見るべきポイント

	見るべきポイント	補足
沿革	特筆すべきものがないか	設立経緯、設立後の会社の変遷を知ることは重要。特に事業転換、業績の行き詰まりなどがあった場合、その原因を知ることで企業の癖を知ることができる。またそうした事態後の対応を知ることで企業の総合力が判断できる。
株主構成	どういった株主が入っているか	株主の変遷、株主の属性を知ることで経営支配の状況を確認する。株主が分散している場合など、経営判断の遅延、相続時のトラブルといったリスクがある。
社員構成	バランスが取れているか	直接部門と間接部門の比率、男女比率、正規雇用の比率など、業界平均と比べて大きな差異がないか、ある場合にはどういう理由か、確認することで企業の方針や課題が見えてくる。
定着率	社員の定着率	社員、特に幹部職員の退職率が高い場合は、組織に何か問題が生じている可能性が高い。
賃金水準	同地域、同規模、同業種との比較	年齢、職種別の水準が他社と比べ大きく乖離している場合、業績の圧迫要因になっていないか、逆に安定雇用に影響を及ぼしていないかどうか。
賃金体系	固定給と変動給のバランス	歩合制の比率が高い場合、押し売り営業などに繋がりかねない。適正なバランスが取れているかどうか。また、基本給、能力給、資格給、賞与等についての考え方(賃金規程)次第で、労働問題への発展のリスクや社員の労働意欲にも影響する。

119

人事制度	適切な制度が構築できているか	昇給昇格制度、評価制度、評価に応じた賃金制度へのリンクなど、社員のモチベーションを高める制度設計が行われているか。公平すぎる制度は組織の疲弊を招きかねない。
教育制度	人材育成に力を入れているか	内部、外部を問わず、職位等に応じてどのような研修制度や資格取得制度が整備されているか。教育への意識が低い会社は、社員をコストと考えている傾向が強い。
勤務状況	社員に気力を感じれるか	社員の士気は言動に現れる。朝の出勤状況や日常の勤務態度に問題がないか。また、社員間での積極的なコミュニケーションの機会が提供され、快活な雰囲気が見られるか。
労働組合	組合の有無、組合の強さ	組合に対して経営者の理解があるか。組合も上部団体によってはかなり強固なケースもあり、権利だけを主張し経営に影響を及ぼしかねない。
規程整備	どのような社内規程が存在するか	上記の人事にかかわる規程のほか、取締役会規程などの基本規程、稟議規程などの組織権限規程、業務規程、コンプライアンス規程など最低限の規程が明確に制定され、それが形骸化せず機能しているか。
本社／支店	どこに存在しどういう役割機能か	なぜそこに本社等を構えているのか、規模、機能は妥当か。やたら華美な社屋、要員に則して過大、過小なことはないか。経営者が何を重視しているのかが見えてくる。
工場／店舗	どこに存在しどういう役割機能か	なぜそこに工場等を構え、その規模、機能は妥当か。収益力に見合わない規模、設備、生産能力ではないか、人員配置は適切か、理想を追い求めた過大投資や計画性のない設備投資になっていないか。

<①沿　革>

　沿革は、企業が創立されて以降の重要なイベントが掲載されているものになります。

　第１章の「３．頼りたいと思える担当者とは」でもお伝えしましたが、沿革はホームページに掲載されている場合もありますので、その

場合には、事前に当社の転換点となったと思われる下記確認事項について、**時期、場所、規模など数字で捉えられるところは確認**をしておくことです。

■確認事項
①社名変更、②本社新設・移転・増築、③支店開設・閉鎖、④工場建設・増設・移転、⑤増資・減資、⑥社長交代、⑦企業買収・売却、⑧子会社（事業部）設立・廃止

それぞれのイベントには、必ず理由がありますので、明確な理由を確認することです。

もし、曖昧な理由であれば、その基準が明確に定められていない可能性があります。

たとえば、外食企業において、出店判断のプロセスとして、市場調査に基づく収支見込を計算して、IRR（内部収益率：投資によって得られる将来のキャッシュフローの現在価値と投資額の現在価値が等しくなる割引率）が何％以上であれば出店を決定、逆に不採算により営業損失がこの水準になった場合には退店を決定するなど、出退店のルールが定められていることが通常です。

もし、「頼まれたので」「なんとなく儲かりそうだったので」といった明確な基準のない中で、情緒的、感覚的に判断している場合は、失敗するリスクが高いと考えるべきです。

②の本社の新設は、規模によっては膨大な減価償却費という経費を負担することになります。また本社は基本的に収益を生まない建物ですので、計画性が問われます。「老朽化による耐震リスクの回避」「社員の労働環境の改善」「ネット環境など情報インフラ体制の改善」など、納得できる理由であったとしても、「果たして財務体力に見合った投資規模だったのか（過大な投資になっていないか）」「資金繰りに支障が生じないように適正な資金調達、資金返済スケジュールとなって

いるか」といった観点で、確認をするべきです。本社に関しては、各フロアーの空間構成、社員規模とのバランス、機能性、品格など自分の目で確かめることです。もしも、「過度にデザイン性を追い求めた使い勝手の悪い建物」、「未使用フロアーが多い」、「どうみても業務に無関係な過剰な設備を備えている」、「華美で派手な内外装」など、感じられるようであれば、その意義があるのかどうか、確認してください。場合によっては、経営者の趣味や見栄で過剰な設計がされている可能性もあります。

　④の工場建設・増設・移転については、「建設コストに見合った収益を生んでいるのか」「稼働率は高いのか」（ヒアリング内容の詳細は後述）を確認してください。

　⑦の企業買収については、「当社の事業規模に合った投資だったのか」「投資額は妥当だったのか」「当社の既存事業とのシナジーがあったのか」「現時点においてその投資回収はどの程度できているのか」といった観点で確認をすることです。

　尚、本社、工場などの建物設備に関しては、経年劣化していきますので、建設時期、建物構造を踏まえ、老朽化の度合いを確認することで、再投資のタイミングを推測することができます。もし、工場が50年以上経過しているとすれば、償却は終わっているはずで、さまざまなところに不具合が生じている可能性が高いと考えられ、近々建替え等の設備投資を検討している可能性があり、ファイナンス提案の絶好の機会であると見るべきです。

　また、企業買収や子会社設立に積極的である場合、事業拡大に対する意欲が旺盛であると判断できますので、企業売却案件に対して、関心を示す可能性も高いと考えるべきです。

　つまり、沿革を知ることで、「企業の成長過程を知る」「さまざまな判断基準を知る」「経営者の経営スタイルを知る」「潜在的な投資機会を知る」ことに加え、質問を繰り返すことで、経営者の癖を知り、今後想定されるであろうイベントに向けた提案に繋げていくことが可能

になるということです。

<②株主構成＞

中小企業の場合、それほど多くの株主が存在することはないと思いますが、親族以外の株主が入っていることもあります。

大株主が現経営者の場合、事業承継に際して、保有株式を後継者に譲渡することになるケースが一般的ですが、その際に親族外株主から買い取りを求められることも考えられます。

社外のみならず、経営者一族でない親族株主の場合においても、当事者の死亡などにより株式を買い取らざるを得ない事態が生じる可能性もあり、その場合、業績が好調で多額の利益を計上し、過去の利益蓄積が進んでいる場合には、高額な買い取り価格により想定外の資金流出が発生するリスクがあります。

また、株主が多数いる場合、重要な経営判断を行う株主総会をスムーズに開催できないという事態も想定されます。

そうした事態に備え、次善の対策が取られているかどうか確認しておくことも必要です。

<③社員構成＞

１つには、**会社の直接部門（営業部門、工場部門、開発部門など会社の売上に直接影響を与える部門）と間接部門（人事部門、経理部門、総務部門など会社の売上に間接的に影響を与える部門）のバランスが取れているかどうか**です。

一般的には、売上に直接貢献する直接部門の比率が高く、直接部門と間接部門の比率は７：３〜８：２程度かと思われますが、直接部門の比率が異常に高い場合、管理体制が脆弱になり経営リスクを招きかねませんし、間接部門の比率が高い場合、間接部門の人件費を養うだけの収益が確保できないというリスクを招きかねません。

企業の経営状態が悪化すると、どうしても目を付けられるのが間接

部門であり、リストラの対象になりやすいですが、過度なリストラを強行すると、社員の人事・人事対応、採用活動、資金調達対応、オフィス管理対応、法的マネジメント、顧客管理対応などに遅れが生じ、安定した事業継続に支障をきたすリスクが生じます。

　２つには、**男女比率**です。男女雇用機会均等法により、人材の採用、配置、昇進等における性別による差別や婚姻、妊娠、出産等を理由とした不利益取り扱いの禁止が定められていますが、未だ男性優位の雇用環境を続けている企業も多いように思います。

　特に社会情勢の変化が激しく、総人口が減少傾向にある環境において、多様な人財、多様な働き方を積極的に取り入れ、男女それぞれの強みを活かし合う職場環境を整備することは必須です。

　３つには、**正規雇用、非正規雇用のバランス**です。一般的に正規雇用の割合が高ければ人件費は膨らみますが、雇用環境の変化に対する採用リスクは少なく、安定した人員体制による事業運営という点において有利になります。尚、第２章で紹介した株式会社ヤオコーのように、非正規雇用の社員を正規雇用の社員と同等に扱い、重要な戦力として敬意をもって採用している場合、非正規雇用の社員の長期定着化が期待されることから、非正規雇用社員の比率が高いことによるリスクを補完していると言えるでしょう。世間では、人件費削減という企業都合の理由で非正規雇用比率を高める動きが未だ見られるものの、株式会社ヤオコーのように、企業都合ではなく、非雇用者サイドに立ってフレキシブルな働き方を推奨する経営姿勢は、まさに今の時代に則した理想的な形です。

　この３点について、企業の現状および経営者としての取組姿勢をヒアリングし、組織体制として望ましい状況なのかどうか確認をしてください。

＜④定着率＞

　社員の平均勤続年数がどの程度なのか。この期間が長ければ長いほ

ど、定着率は高いことになり、安定した人員構成を維持できることになります。

また、社員の平均年齢も確認しておくべきです。

たとえ平均勤続年数が長くても、平均年齢が高齢である場合、高齢化による労働力の低下を引き起こす可能性もでてきますし、退職金制度があり、中退共（中小企業退職金共済制度）等による積立を行っていない場合、定年を迎えた社員に支払う退職金がまとまって発生し、資金繰りに影響を及ぼすことも考えられます。

また、社員の年齢構成が歪で、若手社員が確保できていない場合は、職人技術などの継承が適切に行えず、企業価値が失われることにもなりかねません。

尚、昨今のベンチャー企業など、経営者含めて社員が若く、人の入れ替わりが激しくても問題ない場合もありますが、知財の蓄積が進まず、ノウハウを競合企業に奪われるリスクも考えられますので、「なぜ定着率が低い（高い）のか」「なぜ社員の年齢構成が歪なのか」という問いかけをすることが肝要です。

これは、これからご説明する処遇にかかる制度に大きく関わっている可能性が考えられます。

さらに重要なことは、**幹部社員の定着状況**です。

幹部社員は、相応の処遇を保証されているケースが多いと考えられますが、そうした社員が歯が抜けるように辞めていく事態に遭遇した場合は、要注意です。

彼らは会社の機密情報にも近い存在ですから、もしかすると水面下で好ましくない事態が進行しているのか、実は表面化していない重大なリスクが存在している可能性も考えられます。

あるいは、幹部社員は総じて上昇志向、成長志向が強いことから、その企業に魅力を感じなくなっている場合も同様です。

もし、後者が理由であるとすれば、経営者の経営に対する向き合い方に問題がある可能性もあり、できれば退職意向を示している幹部社

員に本音を聞きだせればいいですが、経営者に対しても、その原因は何だと思うのか、自責の視点でじっくりと考えていただく必要があるでしょう。

<⑤賃金水準>

　賃金水準に関しては、その地域における水準や業界水準と比較して、どのレベルであるかを認識することです。

　もし、水準が極端に低い場合は、<④定着率>にも影響するほか、安定かつ優秀な人材採用において少なからず影響を及ぼすものと考えられます。また、逆に水準が極端に高い場合は、人件費負担が大きくなっている可能性もあり、万一、業績悪化により賃金水準の見直しやリストラを実施しなければならない事態となった際に、労使間の軋轢や組織力の低下を招く可能性もでてきます。

　規模別、地域別、産業別、年齢別の詳細なデータは、厚生労働省が発表している**「賃金構造基本統計調査」**で確認できますので、同地域、同業種、同規模の年齢別データを参考にして、企業の水準がどの程度なのかを確認してみてください。

　あるいは、同業他社の取引先があれば、その企業と平均勤続年数、平均年齢、平均年収を比較してみることでより説得力のある課題認識ができるはずです。

<⑥賃金体系>

　賃金体系が、固定賃金と歩合賃金の割合がどうなっているかです。もし、歩合賃金の比率が極端に高い場合、要領のいい社員にとっては、青天井に稼ぐことができることから歓迎されるかもしれませんが、顧客視点を無視した押し売り営業や不当な販売を招きかねず、企業の信用に多大な影響を及ぼすことにもなりかねません。

　また、月ごとの収入が不安定になることで、社員のモチベーションの低下を招き、社員が定着せず、結果的に人の入れ替わりの激しい組

織となり、組織力の低下を招きかねません。

　一方で、固定給が硬直化している場合、成果の有無にかかわらず給与や賞与に差がでないことになり、優秀な社員はやる気を失い、場合によっては退職を選択することで、組織には無気力社員だけが滞留するという事態も想定されます。

＜⑦人事制度＞

　人事制度は、企業のビジョンを実現し、活気ある組織形成をするうえで、非常に重要な制度になります。人事制度には、大きく３つの制度があり、**①賃金制度、②昇給昇格制度、③評価制度**です。

　賃金制度は、それぞれの職階、等級に応じた賃金体系を決定するものになります。

　下記の例（図表８）のように、上位の職階である参与から一般までの５階層において、それぞれ５つの等級が設けられており、それぞれの職階、等級に応じて基本給与が紐づけられた形です。

図表８　賃金制度の具体例

職階	等級	基本給	職階手当
参与	1	500,000	100,000
	2	490,000	
	3	480,000	
	4	470,000	
	5	460,000	
参事	1	450,000	50,000
	2	440,000	
	3	430,000	
	4	420,000	
	5	410,000	
主査	1	300,000	
	2	295,000	
	3	290,000	

	4	285,000
	5	280,000
主任	1	250,000
	2	245,000
	3	240,000
	4	235,000
	5	230,000
一般	1	220,000
	2	217,500
	3	215,000
	4	210,000
	5	200,000

　また、上位職階に対しては、職階手当を付与することでインセンティブを高めるほか、部長、課長などの管理職に対しては、残業手当の対象外とする一方で、別途管理職手当を付与することなどが考えられます。

　中には、終身雇用制度時代の名残である年功序列体系が色濃く残る企業においては、生活給見合いとして年齢に応じた年齢給や、会社への貢献報酬の意味合いとして勤続期間に応じた勤続給、扶養家族に対する扶養家族手当などがありますが、これらについては、最近の就業環境の変化や賃金体系の変化に伴い、廃止する企業も増えてきています。

　昇給昇格制度は、1年間の業績貢献度や社員としての資質向上度などを踏まえて、先に述べた職階、等級の引き上げ、場合によっては引下げを行うものになります。

　評価制度は、1年間の業績、社員としての資質などを俯瞰的に評価し、その評価を先の昇給昇格制度に反映させるものになります。

　一般的には、**業績評価、定性評価**（知識、意欲、人物などをそれぞれの階層ごとに求められる内容に照らして評価するもの）、**成果評価**（改革、挑戦的実績など業績に直結する成果）で評価し、被評価者と評価者で評価内容をすり合わせて、最終的には最終評価者が決定する

というプロセスになります。

　これらは、社員一人ひとりが、それぞれの役割期待に対して１年間の成果に対して、公正に評価され、成長の道筋を確認する重要なイベントであり、それにより社員は納得感を得て仕事へのモチベーションを高め、組織として最大の力を発揮することに繋がっていきます。

　これらの制度が定められていない、あるいは定められていても形式的な運営が行われているようでは、社員として、自分の成果に対する正当な対価や立場が守られていないと感じることになり、社員のやる気を削ぎ、組織としての成長を阻害することになりかねません。

　ついては、「人事制度が今の社会情勢に沿った設計になっているか」、「その制度が適正に運用されているか」、「社員のモチベーション向上に繋がっているか」等について、確認をすることです。もし、「制度がそもそもない」、「制度が旧態依然としている」、「制度運営が不適切」、「社員の不平不満がはびこっている」といった状況が確認されたならば、早急に見直しを図るように指導すべきです。また、それにあたって金融機関として是非アドバイスを行っていただきたいと思います。

＜⑧教育制度＞

　教育制度も人事制度と同様、社員の成長を促すための重要な制度になります。

　OJT（On The Job Training: 職場内研修）、OFF-JT（Off The Job Training: 職場外研修）、通信教育制度、e-ラーニング制度など、さまざまな形態があります。

　OJTは職場内で業務にかかる指導を上司や先輩から指導を受けながら学ぶ形式ですが、OFF-JTは、研修センターなどで人事部門や外部講師による形式になります。

　新人研修、階層別研修など社会人として、またリーダーとして、それぞれの階層において求められる要件を学ぶもの、それぞれの部門における専門知識を習得するもの、業務における資格取得のためのもの、

法律やコンプライアンスなど、企業として守るべきルールを学ぶもの、など、さまざまです。

　これらは、企業が掲げるビジョン、経営理念、使命、行動指針などを実践するために必要な知識、技術、姿勢などを学ぶ重要な機会であり、優良な企業ほどこれらの教育体制を整備しています。

　また、そうした企業の場合、教育制度の活用に対して、**「社員への投資」**と考えていることから、業務時間においても必要に応じて積極的に受講することを歓迎していますが、低迷する企業ほど、こうした制度に対して「コスト」と認識して消極的であるように思います。

　特に中小企業の場合、人材に制約があることから、社員の早期戦力化が求められますので、組織力の強化という観点からも、体系的な教育制度を整備しておくべきです。

　また、社員が積極的に制度を活用できるように、「報奨制度」や「処遇への優遇」などを定めることも一案です。

　ただし、研修などが果たして効果を上げているのかどうについて、定期的なモニタリングを行うことも必要です。

　こうした「学びの機会」がどのように整備されているのか確認いただき、もし制度が不十分であるようであれば、金融機関として制度設計に関与することもできるでしょうし、タイアップしている教育企業を紹介するなど、ビジネスマッチングによる収益機会にも繋げていただきたいと思います。

＜⑨勤務状況＞

　これは、本社などを訪問した際、受付や接客してくださる社員や、オフィスフロアにいる社員の様子から、「自分に対して対応が丁寧か」「社員に活気があるか」「社員間でコミュニケーションがとられているか」「社員に笑顔があるか」など観察してみてください。

　できれば、始業時間の直前に会社に伺い、出勤する社員の態度、姿勢、表情などを観察することで、社員の士気が高いのか、低いのか伺

い知ることができます。

　特に、朝の出勤時は無防備ですので、素の社員の姿を見ることができるはずです。

　もしも、「表情が硬い」「挨拶をしない」「服装が乱れている」といった社員が多いようであれば、「緊張感のない職場になっている」「社員のモチベーションが下がっている」「業績が低迷している」などの理由が考えられます。

　こうした状況を放置していると、組織はますます疲弊し、活気のない会社になってしまいかねません。

　経営者と面談する際には、「本日、社員の方々の出勤風景を拝見しましたが、表情が暗い方が多く、どうも元気がないように感じました」「社員の方に挨拶をしても返ってくる声が小さくて少しがっかりしました」など、具体的な事実を踏まえて感想を伝えてあげてください。

　もしかすると、原因は＜⑦人事制度＞、＜⑧教育制度＞や、後述する組織体制にあるかもしれませんので、この事実を切り口として、「何か社員から不平不満は聞こえてきませんか」「労働環境に問題認識はないでしょうか」と尋ねてみてください。

　もしかすると、「いくら頑張っても給与も上がらないし、賞与も少ないという不満があるみたいだ」「システム管理体制ができておらず、手書き書類が多いことで業務に集中できないといった声があるみたいだ」といった答えが返ってくるかもしれません。

　その場合、金融機関としては「人事制度に関して社員のモチベーションを高める制度設計に見直してみませんか」「社内事務のシステム化やアウトソーシングなどの導入について検討されてみてはどうでしょうか」といった提案に繋げるチャンスかもしれません。

131

＜⑩労働組合＞

　労働組合は、会社に対して労働者の雇用条件や職場環境の維持・改善等を求めるために組織されるものであり、組成することは労働者の

権利です。

　また、会社側としても労働者の抱える問題を把握することで、それに対処し信頼関係を維持する機会にもなります。

　ただし、中小企業においては、労働組合への参加率は極めて低いのが実態です。

　つまり、経営者側が立場的に強く、経営者側の論理が強く反映される傾向にあるということです。

　つまり、労働組合が形成されていない場合は、経営者側としては安心ですが、労働者側の不平不満が届きにくい状況である可能性があります。

　その場合、お互いの間に溝ができてしまい、問題が放置されたまま組織が疲弊化してしまうリスクがあります。

　一方で、労働組合も、参加している上部団体によっては、労働者の権利だけを主張する、かなり強硬な組織もあります。

　その場合、労働者の処遇に対して年功序列等を基準にした公平性を主張したり、業績悪化に伴う不利な処遇改定に対して強硬に反対するなど、組織運営の柔軟性を阻害するリスクがあります。

　ついては、経営者には、「組合はありますか」、組合がある場合「組合との関係は良好ですか」、組合がない場合「さまざまな社員の意見や悩みを聞く機会を設けておられますか」といった質問をしてみてください。

　組合があっても、関係が良好であれば問題ありませんが、もし強硬な組合であれば、「労働生産性が低い」、「人件費の固定化リスクがある」と考えられることから、労働生産性、人件費の水準について、業界水準や同業他社との比較を行い、また業績悪化時における財務的なバッファーがどの程度なのかも確認をしておくべきです。

　組合がない場合で、社員との意見交換に消極的であるとすれば、「是非、社員の声に耳を傾ける機会を作るべきです。社員は会社にとって最大の財産であることを念頭において、正当な要求については、真摯

に対応すべきです」と意見するべきだと思います。

＜⑪規程整備＞

規程や規則は、会社としてのルールを定めたものです。

組織が社会のルールに沿って適正な業務運営を行うとともに、業務を企業の特性に応じて適正かつスムーズに遂行するためには必要不可欠なものになります。

組織の最高意思決定機関である取締役会規程、執行役員規程、あらゆる業務判断ルールを定めた決裁権限規程、稟議規程、人事制度にかかるルールを定めた人事制度規程、在庫、情報、文書、経費などの管理にかかるルールを定めた在庫管理規程、情報管理規程、文書管理規程、経費管理規程、さまざまな業務にかかるルールを定めた業務管理規程、コンプライアンス体制について定めたコンプライアンス規程などが挙げられます。

これらが不明確であると、社員はどのような基準で判断し、どのような手続に則り、どのような手順で行うのか、判断に迷うことになり業務に支障を来すことになってしまいます。

企業の規程類がどの程度整備されているのか確認して、不備・不足が見られるようであれば、早急に整備するべきです。

また、規程は整備されているものの、そのルールが形骸化していては全く意味がありませんので、規程に従って厳格な運用がされているかどうかも確認してください。

こうした規程類については、金融機関は徹底されていますので、適切なアドバイスができるはずです。

＜⑫本社／支店＞

本社はその企業の象徴になります。多くの取引先や関係者が出入りすることになりますので、利便性は重要な要素になりますし、相手に対する印象として、あまり粗末な建物や、逆に華美すぎる建物は好ま

しくありません。

　ただし、経営者の趣向やポリシーが反映されている可能性がありますので、率直に聞いてみればいいかと思います。自社物件であれば、「なぜここに本社を建てられたのですか」「建物はかなり年季が入っているようですが、思い入れがあるんでしょうね」「遠くからも目立つまぶしい建物ですが、社長の強い思いがあるのでしょうか」など、言葉を選んで質問してみてください。

　特に、意匠が華美な場合、明確なポリシーがあり、それが会社の方針や事業と整合が取れていれば問題ありませんが、単なる見栄で過分な経費をかけて不要な施設や設備を設けているとすれば、要注意です。私の経験からも、このような本社を建設した会社で、その後左前になった会社をたくさん見てきています。

　なお、**社員にとって働きやすい環境を提供することは経営者の役目**でありますので、セキュリティー性の高いネットワーク環境、社員数や業務内容に応じた適正なデスク、会議室・ミーティングペース・休憩室などのレイアウト、適温管理ができる空調設備、リモートワークに対応したシステムの導入などが理想です。

　もちろん、企業の規模や財務状況なども踏まえて、無理のない範囲で整備することですが、前者の場合、経営者がこれらの重要性に無知である可能性もあります。

　＜①沿革＞でもお話ししましたが、「いつ竣工したのか」「建物構造はどうなっているか」は重要で、竣工後の経過年数が50年以上経過しているような場合は、オフィス環境に問題が生じてきている可能性もあります。企業の財務状況にもよりますが、地震などの自然災害対策や老朽化対策は優先して行わなければ社員にとっても不安です。

　その場合、金融機関として、建物の建て替え、補強、増築などに関して補助金や制度融資などを活用したファイナンスや建物内設備にかかるリース提案などができないか検討もできるはずです。

　支店については、恐らく賃貸物件のケースが多いかと思いますが、

もし自社物件であれば、本社と同様のアプローチが考えられます。また、支店をそこに設けた理由を聞くことで、彼らの目指すエリア戦略が確認できるかもしれません。

＜⑬工場／店舗＞

工場や店舗については、詳しくは後述いたしますが、まずは、なぜそこに構えたのか確認することで、当社の事業戦略を知る機会になります。

いずれも、広さ（敷地面積、工場（店舗）面積）、生産高（売上高）、設備、人員数などを確認したうえで、設備投資額、月間のランニングコスト、製品（商品）の付加価値（総利益）水準が確認できれば、投資採算に合っているのかどうか概算がわかります。

※（　）内は店舗の場合

組織環境を把握すること

　次に、組織の環境状態について、見るべきポイントをお伝えします（図表9）。

図表9　組織における見るべきポイント

	見るべきポイント	補足
経営組織	どういった組織体系か	トップダウンなのか、ボトムアップなのか、組織間の連携度の高さ、フレキシビリティの高さなど、その企業の特性にあった組織形成がなされているかどうか。
組織風土	風通しはいいか	その企業独特の風土が存在するのか。自由闊達に意見を言い合える組織、あるいはトップダウンの軍隊組織なのかで会社の雰囲気は大きく違ってくる。特に時代に則した商品などを展開する企業では、活発な議論による多様な発想を受け入れる組織が求められる。
5S	整理、整頓、清掃、清潔、躾	本社内、工場内、店舗内など雑然としていないか。社員は挨拶を励行し、気持ちよく顧客対応をしているか。5Sは企業の健全性を表す最もわかりやすい指標。トイレなどは要チェック。社員間の無駄話なども組織の緩みの一端。
経営（事業）計画	策定されているか	明確な経営（事業）計画が策定され、それが社員と共有されているか。また、事業計画に対するコミットメントの高さやそれを達成するための明確なPDCAが実践されているか。
管理体制	整備されているか	生産管理、原価管理、仕入管理、販売管理、技術管理、人員管理、収益（コスト）管理など業務フローに応じた明確な管理体制が整備されているか。中小企業は得てして勘や経験を頼りに実務が行われたり、発注者等の言いなりで曖昧な管理が行われているケースが多い。

＜①経営組織＞

　「経営者としての資質を判断する50の視点」でもお伝えしたことですが、経営者がどのような組織形態を標榜しているかは重要な視点です。

　トップダウン型は、経営者の意向がすべてですので、意思決定が早く、組織としてのブレが生じないというメリットはありますが、これは時代の動きが緩やかであった高度成長時代に主流であった経営形態です。昨今における、毎日が変革の波に洗われているような変化の激しい世の中においては、たった一人の経営者の判断がすべて正しいかといわれればNOです。勿論、ベンチャー企業や大変革を必要とする企業など、強烈なリーダーシップを発揮してひとつの命題に集中して成果に繋げる企業形態であれば、それで問題はないかもしれません。

　しかし、一般的な企業は、本業に重きを置きながらも、時代の変化に対応すべく、さまざまな取組にチャレンジをし、成長機会を模索していかなければなりません。その場合、経営者一人の限られた知識に基づく状況判断では、時に方向を見誤ってしまう可能性が高いと言えます。

137

　一方で、ボトムアップ型は、広く社員の意見を吸い上げながら、経営判断に活かしていく経営形態ですが、現場で起こっている事象を反映することから、課題と対策のミスマッチが生じにくいというメリットがあるものの、決定までの時間を要するほか、場合によっては局地的な部分最適に留まってしまうリスクがあります。

　これからの組織は、主体的思考の社員が組織の壁を取り払って縦横無尽に絡み合い、共創の概念のもとで成果を引き出す疑似ボトムアップ型で生まれたアイデアを認めつつ、トップとしての決断力でスピード感をもって推進できる疑似トップダウン型とのハイブリッド型組織であることが理想です。

　簡単にいえば、ビジョンや中長期戦略といった方向付けはトップが決定し、それに沿った具体的戦術をどうするかはボトムアップ型で社員の意見を尊重する形といえるでしょう。

　こうすることで、社員の自走化を促し、主体的に考える社員が増殖するほか、組織の一体感が生まれ、活力のある経営組織を創り上げることになります。

　もし、経営者が、相変わらずトップダウン型の経営を志向しているようであれば、「時代遅れで、社員の成長を止めることにもなりかねませんよ」と警告を発し、先に述べたように、ベンチャー企業や大変革を起こすべきタイミングにある企業でない限り、思考チェンジをすることを啓蒙していただきたいと思います。

　経営者が、「具体的にどうすればいいかわからない」ということであれば、金融機関のリソース（コンサルティング部隊等）が主導した支援を行うか、提携先のコンサルティング企業を紹介して、「組織改革プロジェクト」を立ち上げることにより、ビジネス機会に繋げていけばいいのです。

138

＜②組織風土＞

　組織風土は、組織文化がどのように作られているかどうかです。＜①経営組織＞にも関連しますが、(i)軍隊的で上位の命令は絶対であり、とにかく徹底的に上位の指示に従順に従う組織なのか、(ii)フラットで風通しがよく、社員の多様なアイデアや工夫を積極的に取り入れるために、自由闊達な議論を歓迎する組織なのか、(iii)個々人がそれぞれ独立した形で、それぞれのミッションを推進する個人事業主の集合体的な組織なのか、によって組織風土も変わってきます。

　組織風土として、これでなければならないというものではありませんが、今の社会に則した組織という点では、(ii)が理想的と考えられます。今の組織を取り巻く環境は、市場の価値観の変化、技術革新のスピードが速く、社会的ニーズも刻々と変化しています。そのような環境においては、変化をいち早く捉える多彩なアンテナを張り巡らし、それぞれの事象に最適な経験・知識・スキルを備えた人材を組織化して対処していくことが求められます。

そのためには、**柔軟性の高さと、社員間におけるラポール（信頼関係）の形成された組織が最強**です。

こういう組織では、社員同士、上司部下が、組織のビジョンを実現するために、自然と建設的、協力的になることから、結果的に、生き生きとした活気ある組織風土が形成され、社員の表情も明るく、凛として精気を帯びた雰囲気を感じ取れます。

(i)の場合、一見統率がとれた組織に見えますが、個々人の意見、意向が反映されない膠着化した組織になることから、閉塞感が強くなり、社員の表情には疲労感が表れる傾向があります。

(iii)の場合、開発型のベンチャー企業や歩合制の強い営業現場など、個人のスキルに依存した一気通貫型の事業クロージングを求めるケースの場合この形態がみられますが、この場合、成果の是非によって社員のモチベーションに大きな格差が生まれることから、一体感のある組織風土が形成されず、ぎくしゃくとした寒々しい職場になってしまいます。

そうすると、「自分さえよければ」という自己中心的風潮が強まり、組織としての体をなさなくなってきます。

ただ、一見、ワイワイガヤガヤと活気がありそうに見えながらも、雑談が多い職場は、気の緩みが生じて緊張化が欠如してしまっている状況かもしれませんので、この場合は要注意です。

<③ 5S ＞

整理、整頓、清掃、清潔、躾の5S。巷で当たり前のように言われている言葉ですが、これが徹底できているかどうかで組織の状態がよくわかります。

5Sの徹底は、組織の長がその重要性を理解し、社員が徹底していなければ実現しません。

つまり、組織のリーダーがリーダーシップを発揮し、部下社員との良好なチームワークが形成されている証左です。

　5S が徹底されていることで、単に快適な職場環境が整備されるだけでなく、来客される方々の評価もあがり、工場であれば、品質や納期に対する信用度も高まります。

　また、新入社員を採用するにあたっても、清潔感があり、礼儀正しい統率のとれた社員の姿を見れば、「この会社で働いてみたい」と感じるはずです。

　さらに、工場であれば、機械の清掃等が徹底されていることで良好な稼働状態を保ち、故障の軽減、機械の減価・劣化の回避に繋がるほか、工具類などの整理整頓が徹底していれば、工具の作業効率も高まり、生産効率も向上しますし、なによりも作業スペース等における安全性も高まります。また、在庫整理の徹底による過剰在庫の回避、原価の低減も図れます。

　原価コストが高い、労働生産性が低い、不良品の発生比率が高い、クレームが多発しているなどは、5S の徹底が疎かになっている可能性がありますので、そうした状況が確認されるようであれば、本社や工場の状態を確認してみてください。

　もし、5S が徹底できていないと感じたならば、即座に経営者に、「5S が徹底できていないことで、社員のモラルの低下、人間関係の悪化、現場の生産性の低下、業績の悪化の原因になっている可能性が高いことから、即時に徹底するよう経営者自ら指揮を執っていただきたい」と進言すべきです。

＜④経営計画＞

　経営計画は、企業の目指す姿（ビジョン）を示し、それを具現化するための戦略、戦術を具体的に落とし込んだものになります。

　もし、こうした計画なく、日々の業務に終われ、日々の成果に一喜一憂している組織は目標を定めずにただただ走っているランナーと同じであり、いずれ疲弊感だけが残ってしまいます。明確な組織の目標を設定し、社員一丸となって目標に向けて進んでいこうとしている組

織はエネルギーを感じますし、更に目標へのステップを確認しながら
日々課題を掲げて業務に取り組んでいる場合（いわゆる PDCA の実践
組織）は、目標の実効性が高まります。

　尚、一般的には３年あるいは５年の中期経営計画といった形で、こ
れらを定めているケースが多いようですが、**昨今の社会情勢を勘案す
ると、さらに長期である 10 年スパンの経営計画を定めるのが望まし
い**と思います。

　なぜなら、2030 年問題（人口減少、少子化、高齢化の進展により引
き起こされる雇用、医療、社会保障への甚大な影響）に伴う RPA（ロ
ボティクス・プロセス・オートメーション）、DX（デジタルトランス
フォーメーション）の推進）、2030 年アジェンダ（2030 年に向けた 17
項目にわたる持続可能な開発目標（SDGs））の達成、2050 年に温室効
果ガスの排出を全体でゼロとする「カーボンニュートラル」の達成な
ど、10 年単位での社会変革に対応することが求められているからで
す。

　一例として、東北最大規模の金融機関である七十七銀行は、2021 年
に 10 年間のビジョン「Vision2030」を定め、長期的に目指す「なりた
い姿」として、「七十七グループは、地域社会の繁栄のため、最良のソ
リューションで感動と信頼を積み重ね、ステークホルダーとともに、
宮城・東北から活躍のフィールドを切り拓いていくリーディングカン
パニーを目指します」を掲げ、「デジタルトランスフォーメーション」
「新事業・新分野の開拓」「人材の育成」「財務基盤の強化」をキーファ
クターとし、「顧客満足度ナンバーワン戦略」「生産性倍増戦略」「地域
成長戦略」「企業文化改革戦略」という具体的戦略に落とし込んでいま
す。

　さらに、そのための戦術、戦略の達成基準となる KPI を定めること
で、内外に明確な指針を明示しコミットメント力を高めるとともに、
行員の意思統一を図り実践力を高めようとしています。

　中小企業においても、社会環境の大きなうねりを伴う変化に対峙し

ていくためにも、このような長期的経営計画を策定する意義は大きいと言えます。

　社内に人的リソースが十分でないという理由で、経営計画を策定することを断念している企業もありますので、是非金融機関が主導して策定のお手伝いをしてください。

　これも、金融機関にとっては貴重なフィービジネスになるほか、企業の目指す姿を共有することで、長期的な支援方針を具体的に描くことができるようになるのです。

＜⑤管理体制＞

　一言で管理といっても、さまざまな管理体制が求められます。

　原価管理、生産管理、在庫管理、仕入管理、販売管理、システム管理、収益管理、経費管理、資金管理、人事管理、技術管理、資産管理、文書管理、内部管理、情報管理、安全衛生管理など、多岐にわたります。

　すべてにおける詳細な説明は割愛いたしますが、**総じて業績不振企業において散見されるのが、生産管理、在庫管理といった生産にかかる管理と、収益管理、原価管理、経費管理、資金管理といった財務にかかる管理体制が徹底されていない**ということです。

　適正な生産量、在庫水準を定義していないことで、過剰生産による過剰在庫を抱えることにより、資金不足に陥ったり不良在庫の山を築いてしまうことや、過小生産による在庫不足から欠品の発生による顧客からのクレーム、販売機会の逸失などを招くことにもなります。

　また、財務管理の中でも、特に原価管理が徹底されておらず、適正な原価コストが把握できず、どんぶり勘定での売価設定になり、十分な利益が確保できず赤字になっているというケースもあります。

　私がコンサルティングで関わった企業では、原価管理を徹底し、最低利鞘水準を設定することで、一気に黒字に転換した先もあります。

　ただ、設備投資に対する単位当たりコストを見積もらず、言い値で

発注したことで投資額が過大となり、利益圧迫の要因となった企業については、残念ながら収益拡大による対策を模索しましたが、あまりにも投資が過大すぎたために、抜本的な改善は見込めないという残念な結果に終わった企業もあります。

　取引先が収益改善を必要としている場合、これらの管理体制がどうなっているのかをまず確認して、改善の余地がないのかどうか一緒に検討してあげてください。

　長年の勘に頼った不適切な管理体制や、売上優先による不採算取引の温存等によって、十分利益体質改善できるチャンスを逃してしまっているかもしれません。

商流を把握すること

　商流とは、企業の事業を形成するビジネスフローです。

　製造業であれば、どこから原材料を仕入れ、どの外注先を利用して製品を完成させ、どのような物流経路で販売先に納品するかといった一連の流れです（図表10）。

図表10　主な商流と見るべきポイント

	見るべきポイント	補足
ポジション	自社のポジションはどこか	設計、開発、製造、加工、物流、卸、販売等、当社の位置づけを明確にする
		ビジネスモデルの特長は何か
		商品、サービスの特長は何か
		ビジネスモデルは安定しているか（代替になるビジネスモデルの存在等）
		商品、サービスは安定しているか（競合関係、新たなサービスの可能性等）
販売先	販売先は安定しているか	販売額の上位10先、全体の70％程度は押さえておく。過去3〜5年の販売額の推移を確認する
		①取引先の信用状況に問題はないか、問題がある場合その対策は講じているか
		②取引額に大きな変化はないか、変化がある場合はその理由を明確にすること
		③販売先との関係維持、新規確保するためにどのような体制を構築しているか
		④販売先との力関係はどうか、価格、決済条件等における交渉力は有しているか

仕入先	仕入先は安定しているか	仕入額の上位10先、全体の70%程度は押さえておく。過去3～5年の仕入額の推移を確認する
		①仕入先からの安定供給に支障はないか、支障がある場合、その対策は講じているか
		②仕入額に大きな変化はないか。変化がある場合は、その理由を明確にすること
		③仕入先との関係維持のためにどのような体制を構築しているか
		④仕入先との力関係はどうか、価格、決済条件等における交渉力は有しているか
外注先	外注先は安定しているか	主要な外注先との取引状況を確認する
		①外注先の信用状況に問題はないか、問題がある場合、その対策は講じているか
		②外注先との関係維持のためにどのような体制を構築しているか
		③繁忙期等における安定した外注を維持するための対策はなされているか
		④外注先との力関係はどうか、価格、決済条件等における交渉力は有しているか

145

＜①ポジション＞

　まず、押さえておくべきポイントは、企業のポジショニングです。

　ビジネスフローにおける関係者をマッピングした上で、当社は設計、開発、製造、加工、検査、物流、卸、販売、保管等のどの役割を担っているのかを明確にします。

　利害関係者については、具体的にどの企業、自治体等で、どの程度の取引をしているのか、できれば過去3期分程度の取引金額、決済条件なども記載してください。

　また、販売先については、卸事業者、直接販売、ネット経由販売な

どルート別の販売割合や、事業別の販売割合（販売額）、事業別の主要取引先との取引推移なども記載できれば、全容がかなりクリアになります。

　また、ホテル・旅館など、一般消費者が大半の個人顧客の場合、顧客の形態（団体、家族、個人など）、顧客別年齢層比率、顧客別在住地域比率などを確認できれば、マーケティング戦略についても仮説を立てることができます。

　尚、取引先別の決済条件については、それを決算期ごとの取引先別売掛債権額（決算書の勘定科目明細の売掛金内訳書）と突合することで、決済が正常に行われているかどうか（不良化していないかどうか）の目安を知ることができることから、特に大口先については、確認しておくべきです。

　最後に、当社事業の特長（強み）を記載することで、当社の特長がどのように事業に反映されているか、当社の存在価値はどこにあるのかを推測することができます。

　たとえば、次頁のような商流図（米の卸加工事業者の事例）になります（図表11）。

＜②販売先＞

　販売先については、どのような属性の販売先と取引があり、時系列でみた場合にどのような傾向が見られるのかを分析することです。

　図表12の販売上位先推移の表をご覧ください。

図表11　米の卸加工事業者の商流イメージ

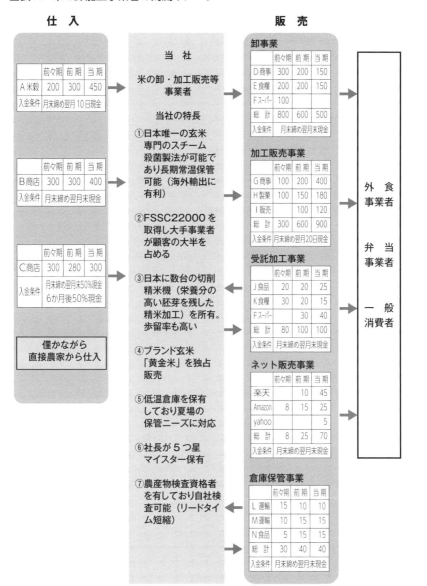

図表12　販売上位先推移（各期上位10社）

（単位:百万円）

	F-4 販売高/総利益	F-4 利益率	F-3 販売高/総利益	F-3 利益率	F-2 販売高/総利益	F-2 利益率	F-1 販売高/総利益	F-1 利益率	当期(F) 販売高/総利益	当期(F) 利益率
日本リース	400 / 30	7.5%	859 / 65	7.6%	255 / 55	21.6%	580 / 75	12.9%	1,600 / 110	6.9%
日本製造			520 / 77	14.8%					580 / 143	24.7%
高石バルブ	166 / 22	13.3%	153 / 17	11.1%	175 / 21	12.0%			400 / 50	12.5%
石井市役所							350 / 94	26.9%	380 / 134	35.3%
山田市役所			760 / 158	20.8%					370 / 94	25.4%
横井町役場									340 / 105	30.9%
薦田SA									300 / 52	17.3%
八嶋工業					250 / 45	18.0%			270 / 60	22.2%
福田建設									230 / 70	30.4%
近藤食品	177 / 34	19.2%	152 / 30	19.7%					200 / 48	24.0%
東洋リース							1,600 / 200	12.5%		
水田市役所			155 / 52	33.5%	186 / 67	36.0%	360 / 110	30.6%		
横田リース							300 / 95	31.7%		
西田ガラス							280 / 26	9.3%		
独立行政法人都市開発					200 / 29	14.5%	200 / 29	14.5%		
GYエンジニアリング							190 / 27	14.2%		
ABC							180 / 26	14.4%		
安信タイガース					777 / 192	24.7%				
アジアファシリティ					279 / 66	23.7%				
東南不動産					281 / 100	35.6%				

石井設備					200 / 20	10.0%				
東海道住宅					150 / 8	5.3%				
岡田建設			268 / 20	7.5%						
アリサ			210 / 15	7.1%						
北関東広域水道企業団	239 / 55	23.0%	178 / 55	30.9%						
東富士建設	350 / 57	16.3%								
坂下建設	276 / 81	29.3%								
日本化学	249 / 20	8.0%								
佐々木建設	221 / 10	4.5%								
東京鋼鉄	188 / 23	12.2%								
北西興業	168 / 20	11.9%								
上位10社計	2,434 / 352	14.5%	3,255 / 489	15.0%	2,753 / 603	21.9%	4,040 / 682	16.9%	4,670 / 866	18.5%
公共事業	239 / 55	23.0%	1,093 / 265	24.2%	386 / 96	24.9%	910 / 233	25.6%	1,390 / 385	27.7%
民間事業	2,195 / 297	13.5%	2,162 / 224	10.4%	2,367 / 507	21.4%	3,130 / 449	14.3%	3,280 / 481	14.7%
上位100社計	7,500 / 1,380	18.4%	8,660 / 1,580	18.2%	7,700 / 1,600	20.8%	9,800 / 1,800	18.4%	10,000 / 2,000	20.0%
合計	10,550 / 2,050	19.4%	11,998 / 2,200	18.3%	11,000 / 2,300	20.9%	13,000 / 2,500	19.2%	14,000 / 2,800	20.0%
上位10社の全体比比率(販売額)		23.1%		22.8%		25.0%		31.1%		33.4%

＜傾向分析＞

　当社は大手重電メーカーの当該地域の唯一の代理店として産業用機器、産業用設備を取り扱い、設計、施工、保守メンテナンス等一貫したサービス提供ができることが特長の会社です。

　この会社の過去5期にわたる販売推移をみると、傾向が見て取

れます。

　販売高は、順調に増加（F-4期105億円⇒当期140億円）している中で、安定した全国ブランド企業、地域の有力企業を大口顧客（点線で囲んだ先）として抱えつつ、毎期新たな地域の優良顧客を確保（太線で囲んだ先）していることがわかります。

　毎期上位10社の全体販売額に占める割合も増加基調（F-4期23.1%⇒当期33.4%）にあり、販売の効率化が進んでいる一方で、33%程度であることから、販売先の適正な分散も図られていることが読み取れます。

　さらに、総利益率も公共事業が大幅に向上（F-4期23%⇒当期27.7%）したことにより、上位10社の総利益率も向上（F-4期14.5%⇒当期18.5%）しており、収益性もしっかり確保できています。

　当社の事業が産業用機器、設備であることを考えれば、大口案件については、今後定期的な保守メンテナンスや設備入替も想定されることから、循環型のビジネスとして今後も非常に安定した販売が見込めると予想されます。

　販売先との関係性や新規先確保の体制については、当社が地域唯一の代理店であり、地方自治体からの受注は他の重電メーカーが競合になりえるものの、当該メーカーの知名度と技術力は高く評価されているほか、当社の提案力と保守メンテナンスまで一貫したサービス体制によって優位性を保っており、一般事業会社についても、地域における販売実績の高さから、懸念はないと考えられます。また、確認しておくべきことは、販売先との力関係ですが、決算書からは売掛債権の回収期間は2か月程度であることを確認しているほか、一般的に利益率が低いとされる事業会社においても、上位先の利益率が15%近く確保できており、当社不利の関係ではないものと考えられます。

　新規先確保についても、ここ5年における新規販売先の状況を見れば、営業体制に問題があるとは認識されません。

　このように、販売先の主力先を中心とした取引状況を時系列で押さえることで、販売先の属性、販売先との関係性、営業体制のレベルがどうなっているのか、また今後どのように推移していくかを推測することが可能になります。

　また、図表13の商流販売先の図をご覧ください。

図表13　販売先別販売高、売掛債権の推移　　　　　　(単位:百万円)

販売先	決済条件	売掛期間(月)	販売高			売掛債権			売掛債権回転期間(月)		
			前々期	前期	当期	前々期	前期	当期	前々期	前期	当期
A商事	末〆 翌月末 現金100%	1.5	600	450	600	80	60	100	1.6	1.6	2
B製造	末〆 翌月末 現金50% 手形(3ケ月)50%	3	200	300	400	50	80	100	3	3.2	3
C企画	20日〆 当月末 現金100%	0.7	800	400	300	50	20	100	0.75	0.6	4
D設備	末〆 3か月後月末 現金100%	3.5			250			250			12
E工機	末〆 翌月末 手形(6ケ月)100%	6.5	400	300		220	300	300	6.6	12	
上位5社			2,000	1,450	1,550	400	460	850	2.4	3.8	6.6
全体			3,000	2,500	2,800	650	700	1,000	2.6	3.4	4.3
その他			1,000	1,050	1,250	250	240	150	3.0	2.7	1.4
上位5社シェア			67%	58%	55%	62%	66%	85%			

　ある会社の販売先別の販売高、売掛債権の推移です。(記載の販売先は上位5社)

151

　また、決済条件をもとに理論上の売掛債権期間を記載しています。

　さて、この販売状況を見て、みなさんは、どのような疑問点を感じられるでしょうか。

　また、どういった点が評価できるでしょうか。

　少し考えてみてください。（5分程度）

・・・

　如何でしたでしょうか。

　では、いくつかの疑問点、評価点について説明いたしましょう。

（疑問点）

1．なぜ、前期の売上高が前々期から比べて5億円も落ち込んだのか。

2．販売先であるC企画への売掛債権が販売高の減少に反して増加しています。それによって売掛債権の回転期間が長期化しています。当期末の1億円の売掛金について、いつの販売分であるのか、確認しなければなりません。

3．D設備の当期の販売高2.5億円がそのまま売掛債権に計上されています。決済条件は、末〆3か月後の現金払ですので、3月決算であるとすれば、1月以降の販売であれば問題ないですが、それ以前のものであるとすると、条件通りに決済されていないことになり、確認が必要です。

4．E工機の売掛債権について、当期の販売がないにもかかわらず、当期末において3億円が計上されています。前期末も同額計上されていることを考えると、もしかすると前期末の時点で支払が滞っている可能性があり、E工機の状況、当該債権の回収見込について、確認が必要です。

（評価できる点）

1．販売高が当期は回復傾向にあります。（前期25億円⇒当期28

億円）

2．上位5社のシェアが低下傾向にあります。つまり、販売先が多様化している可能性があり、状況確認が必要です。

3．上位5社以外の売掛債権回転期間が3か月から1.4か月に短縮されています。もしかすると、新規取引先における決済条件を短期化（場合によっては現金化）していることが考えられます。

如何でしたでしょうか。

販売先の状況推移を見ることと、売掛債権残高、決済条件を重ね合わせることで、販売にかかる状況が見えてきます。

是非、取引先をモニタリングする際には、こうした視点を忘れず励行するよう心掛けてください。

153

＜③仕入先＞

仕入先については、販売先ほどに注視する必要はありませんが、安定した商流を維持するためには、原材料などの仕入ルートが安定していなければなりません。

では、安定しているとはどういうことかというと、仕入先の信用力が高く、取引関係が良好で、緊急時の代替先の目途が立っていることです。

そういう意味で、仕入先についても、販売先同様に上位10社あるいは7割程度の仕入先の企業名とその信用状況を調査し、取引関係については、過去数期の仕入先を確認（決算書の勘定科目明細の買掛先内訳）することで、毎期コロコロと取引先が変わっていないかどうか確認することです。もし、仕入先が期ごとに変更している場合は、もしかすると入札等によるシビアな価格選考を行っている可能性も否定できず、安定した取引関係が確保できているとは言い難く、突発的な環境悪化が起こった際に、調達に支障を来たしかねません。

＜④外注先＞

　外注先については、当社ではカバーできない業務を外部委託している先になります。

　これも販売先、仕入先同様に主要外注先についても信用力等の確認を行っておくべきです。

　また、万一の場合、緊急対応として内製化が可能かどうか、難しい場合には、代替先が確保できるのか確認しておく必要があります。

　また、繁忙期があるなど、季節的な変動が大きい場合には、どのように対処しているのか、人員確保によってフレキシブルに対応可能な先であるのかもヒアリングしておいてください。

 現場を
把握すること

　次に、現場である工場、店舗について、見るべきポイントをお伝え
します。

　実は、**企業が抱える問題の根源は、現場に存在することが多々あり
ます。**

　たとえ財務内容が健全に見えていたとしても、潜在的な問題を現場
が抱えていたとすると、いずれそれが表面化するリスクがあると考え
るべきです。

　まず、工場のチェックポイントはこちらになります（図表14）。

図表14　現場を把握するためのチェックポイント

		ポイント	チェックすべきポイント
実査	工場	概要と特長を掴む	**事前準備**
			工場地図、工場規模、工場概要、製品概要など
			Ⅰ．工場機能
			①工場の位置づけ（自社製品、OEM、外注等）
			②工場の機能（どのような設備があるのか、それぞれの設備の機能・能力はどの程度なのか）
			③どの工程の設備なのか（設計・開発・生産・加工・検収など）
			④設備の特長は何か
			⑤設備の稼働状況はどうなのか
			⑥設備の耐用年数と経過年数はどの程度か
			⑦設備の保守メンテナンスはどのように行われているのか

⑧製品の歩留率はどの程度か、それは高いのか低いのか

⑨原価軽減に向けた対策は取られているのか

⑩どの程度自動化が進んでいるか

⑪安全、品質、工程にかかる認証は取得しているか。また、取得することによってどのようなメリットがもたらされているか

Ⅱ．原料

①原料は何か

②原料はどこから調達しているのか

③単位当たりの原料単価はいくらか、価格動向はどうか

④年間の原料調達量はどの程度か（数量、金額）

⑤原料仕入れの数量管理はどのようにされているのか

⑥在庫はどこに保管されているのか、それは適正な管理状態か（在庫管理体制）

Ⅲ．製品

①どのような製品を製造しているのか

②何種類の製品を製造しているのか

③その製品はどこに使われているのか

④製品の特長はなにか

⑤製品は多品種小量生産か、少品種大量生産か

⑥見込生産か、受注生産か

⑦他社製品との違いは何か（機能、品質、コストなど）

⑧市場シェアはどの程度か

⑨販売先はどこか、それぞれどの程度販売しているのか

⑩販売先は安定しているのか

			⑪製品別の販売額はいくらか
			⑫製品別の1製品当たりの販売単価はいくらか
			⑬製品別の1製品当たりの利益（総利益）はいくらか
			⑭生産量はどのように管理しているのか（生産管理体制）
			⑮製品はどこに管理されているのか、それは適正な管理状態か（製品管理体制）
			⑯生産工程は効率的か、改善の余地はないか（工程管理体制）
			⑰どのような品質管理体制になっているのか（品質管理体制）
			⑱クレーム件数はどれくらいあるか、どのようなクレームか、クレーム対策はどのようにしているのか
			Ⅳ．工場環境
			①工場の立地に問題はないか（運送面での利便性（アクセス）、従業員の通勤利便性（アクセス）、周辺環境との関係（騒音問題、公害問題などはないか））
			②工場内レイアウトに問題はないか（効率性、安全性など）
			③従業員の状況はどうか（活気があるか、人員構成はどうか、人員配置に過不足はないか、労働環境に問題ないかなど）
			④5Sは徹底されているか
			⑤建物の不具合はないか（老朽化等）
			⑥空調等建物内環境に問題はないか
			⑦防災、安全、害虫対策等は行われているか

157

※**あみ掛け部分は、自分の目である程度確認できるもの。**

＜①工　場＞

　製造業にとって工場はまさに企業の心臓部分であり、人で言えば、すべての内臓に相当します。

　ここが活発に機能しているか、傷み始めているかによって、健康な体（企業体）の維持に大きく影響を及ぼします。

　工場がうまく回っていれば、血肉である付加価値を生み出し、より恵まれた体躯を形成していきます。ただ、頭脳である本部に隣接している場合は別として、通常は本部と離れた場所に立地していますので、工場に致命的な問題が生じたとしても、工場をマネジメントする頭脳部分である経営陣や本部社員が認識できていない、認識していたとしてもその重大さを看過してしまっているケースが散見されます。また、現場で働いている人たちも、それを認識していながら常態化してしまっている場合、徐々に既成事実として受容してしまい、問題が水面下に押しこまれてしまうことになります。

　したがって、外部の新鮮な目をもった金融機関の担当者が客観的な視点で実態を観察することで、水面下に埋もれてしまっている問題点を掘り起こすきっかけになり、工場の改善、ひいては企業体力を復活させることになるかもしれません。

　金融機関の担当者は、まず現場に足を運び、工場の機能、規模、立地、製品、製造工程、管理体制、労働環境等についてつぶさに観察することが肝心なのです。

　繰り返し申し上げますが、「財務内容が健全であるから問題ない」という短略的な発想は禁物です。

　私が銀行員として初めて営業担当になり、財務良好な取引先の融資稟議を上げようとした際に、上司から指摘されたのは、「君は現場（工場）を見てきたのか」という一言でした。

　私は、「財務内容に問題ないので、稟議が通ってから見に行きます」と言ったところ、上司から「バカヤロー！　工場も見ないで融資ができると思っているのか！　すぐに見てこい！」とカミナリを落とされ

たことがあります。

　現場を見に行くことを「実査」と言いますが、その重要性は、通称**「三現主義」と呼ばれる「現場、現物、現実を確認することで現場の実態を把握すること」**にあります。

　ですので、問題意識を持たずに、ただ工場に足を運んで眺めるだけでは全く意味がありません。必要な心構えは、次の３点です。

　①事前準備をしっかり行う

　②工場長になったつもりで観察すること（工場長の視点）

　③分からないことは遠慮なく確認すること

　①については、事前に工場の概要（立地、規模、機能、製造されている製品など）の分かる資料を取り寄せて、何を質問し、何を観察すべきかイメージしておくことです。

　質問事項としては、図表14に列挙した内容に沿って確認を行います。

　少なくとも、事前に確認する事項も含めて、工場の全体像を把握するために、５Ｗ２Ｈで確認を行います。

When（いつ建設されたのか）

Where（どこに立地しているか、立地環境に問題はないか、敷地面積、建物面積はどのくらいか）

What（何を製造しているのか、何に使われる製品か）

Why（なぜこの工場を建設したのか）

How Much（建設コストはいくらなのか、工場内の機械はいくらなのか、どの程度の生産量、生産額なのか）

How（どのような設備なのか、どのような製造工程なのか（原料仕入れから搬出まで））

Who（原料はどこから仕入れているのか、製品はどこに販売しているのか）

について、製造工程に沿って見学しながら確認してください。

　また、①従業員の配置が適正か、②働きぶりはどうか、③表情は明るいか、④服装に乱れはないか、⑤5Sは徹底されているか、⑥レイアウトに無駄はないか、⑦稼働状況はどの程度か、⑧どの程度自動化されているか（もし手動であれば、それはなぜか）、⑨在庫、半製品、原料の水準は適正か、保管状況に問題はないか、等についても、目視も含めて確認し、自分なりに気づいた点を列挙しておきます。

　そのうえで、工場長に時間をいただき、①確認できなかったこと、②工場長としてどのような問題認識（課題認識）があるのか、ヒアリングを行った上で、①疑問点、感想などを交えながら、意見交換を行ってください。

　そこで、もし潜在的な問題も含めて顕在化している問題があるようであれば、その重要度に応じて問題点を整理し、金融機関の立場も踏まえ、経営者と改善策を検討してください。

　尚、工場実査をあまり経験したことがない方は、感覚的に判断することが難しいかもしれませんが、さまざまな工場を見て回ることで、その感覚は養われますので心配する必要はありません。是非、このチェックシートを参考にしてヒアリングを実施してみてください。

　また、金融機関の担保物件であれば、処分性についても意識をしておくことで、万一の場合に速やかな対応が可能となります。

＜②店　舗＞

　小売販売業などの流通業にとって、店舗は製造業の工場と同じく企業の心臓部分であることを認識してください。①の工場でお伝えしたことをここでも認識していただきたいと思います（図表15）。

160

図表15　店舗における事前確認のポイント

		ポイント	チェックすべきポイント
実査	店舗	概要と特長を掴む	**事前準備**
			店舗地図、店舗データ（開業日、店舗面積、売上実績など）
			Ⅰ．店舗概要
			①立地状況に問題はないか（近隣との関係、土地の地形など）
			②商圏はどこか
			③店舗へのアクセスに問題はないか
			④主要ターゲットはだれか（主婦層、独身、若手、高齢者など）
			⑤商品構成はどうなっているか（生鮮品主体、総菜主体、衣料品併売、雑貨併売など）
			⑥生鮮食品（野菜、肉、魚など）の鮮度は良いか
			⑦商品価格は他店と比較してどうか
			⑧店舗レイアウトに問題はないか（入口から出口までの導線、通路スペース、棚の高さ、売り場が平屋か複数階かなど）
			⑨商品レイアウトに問題はないか（顧客のニーズにあった商品設置ができているか）
			⑩バックヤードはどうなっているか（店舗内調理か、セントラルキッチンか、在庫の管理状況はどうか）
			⑪店舗オペレーションに問題はないか（レジの数、レジ係のスキル、対応状況、顧客管理システムの状況、商品陳列までの導線など）
			⑫店舗に活気があるか（客の表情、笑顔、購買数、店員の表情、笑顔、声など）
			⑬店舗内は適切な照明、空調が施されているか

			⑭駐車・駐輪場は十分なスペースが確保されているか、進入・退出は容易か、周辺に渋滞が生じていないか

Ⅱ．人員・顧客

①店舗人員は適切か

②店長の資質は問題ないか（リーダーシップを有しているか、店舗環境を踏まえたビジョンを持っているか、店舗の問題や課題に積極的に取り組む姿勢か、店員やパートとの関係は良好か）

③店舗運営の自由度はあるか（本部主導か、店舗主導か）

④パートの戦力化ができているか（パートを重用し権限を与えているか）

⑤店員の質、サービスに問題はないか（尋ねた際における商品知識、店舗知識、接客態度）

⑥顧客単価、顧客購買品目数はどの程度か、他社と比較してどうか

※あみ掛け部分は、自分の目である程度確認できるもの。

　私の経験談として、銀行時代にある企業から「融資を検討してほしい」と相談をいただいたことがあります。

　その際、工場実査の一件がありましたので、経営者に相談内容を確認する前に、店舗を見ておこうと本店近くの店舗を実査することにしました。

　時間は夕方の5時ごろで、通常であれば最も混み合う時間帯です。

　しかし、店内に入ってみると来店客も少なく、極めつけは、冷蔵ショーケースには商品がまばらな状態。「これはおかしい。収支云々以前に店舗としての体を成していない。」と判断し、本社の面談に臨んだのです。ところが、いただいた決算書は非の打ち所のない内容だったのです。ただ、私は自分の感覚を信じて、その後会社には、「また時機を見て検討させていただきたい」旨お伝えし、お断りをさせていただ

きました。

その後、数ヶ月もしないうちに、その会社は倒産したのです。粉飾決算でした。

もし、財務データだけを信じて融資を実行していたらと思うとゾッとした、という経験です。

スーパーなどの多店舗展開している企業の場合は、すべての店舗を実査することは不可能ですので、主要な店舗を２，３店舗覗いてみることです。

その際は、工場実査と同様に、事前準備を忘れてはいけません。

店舗データについては、財務部門等に確認してください。場所、開業日、敷地面積、店舗の床面積と、できればその店舗の年間売上高、総利益程度は情報として入手しておくことです。

そのうえで、店舗に伺い、周辺を見ながら、住宅立地なのか、商業立地なのか、駐車場の有無、駐車場の広さ（十分な広さを有しているか）、駐車場の進入の容易さ、１台当たりのスペースなどを確認してみてください。

そして、店内に入り、買物客になったつもりで、全体をくまなく見て回り、「買い物の導線において不便を感じないか（通路が狭い、表示がなくどこに何があるかわからないなど）」「店内の照明は適切か」「商品の鮮度はどうか」「品揃えは豊富か」「値段はどうか（これは、事前にいくつかの商品について他店舗の商品価格を調べておくことで比較してみる）」「商品の陳列に工夫が見られるか」「来店客はどういった層が中心か」「来店客の籠をみてどの程度購入をしているか」「顧客の表情はどうか（笑顔があるか）」「店員の対応は適切か」「店員はテキパキと動いているか」「店員の表情はどうか」「レジは十分な数が空いているか」「レジの店員対応に問題はないか」といったことを確認してください。

さらに、実査において気づいた点、疑問点などを踏まえて、店長と面談を行い、それらの諸点について確認するとともに、店長が抱えて

いる問題認識（課題認識）をヒアリングすることです。

　自分ではよくわからないという方は、金融機関の店内の主婦の方や、家族に同行してもらうことも一案です。

　また、できれば同じ時間帯に競合店舗の状況も確認して、実査した店舗の優位性、劣位性を整理してみてください。できればそれを踏まえて、経営者と意見交換すると、現場視点と違った見方から、新たな課題が見えるかもしれません。

　もし、かなり老朽化していれば、店舗の改修、移転などが想定されるかもしれませんし、かなり盛況でありながら店舗が狭い場合は、さらに近くに新店を構えたいという潜在ニーズがあるかもしれません。逆に閑散としているようであれば、店舗改装、商品陳列の見直し等の抜本的な対策の検討、あるいは閉店による物件の譲渡、売却、業態転換などを検討している可能性もあります。

　もし、そうしたことが想定されるとすれば、金融機関として大きなビジネスチャンスに繋がってくることから、しっかりと仮説を立てて臨むことです。

第5章

財務分析の
基本

　ここからは、財務的視点からみた企業実態把握のポイントについて
お伝えしたいと思います。

　まず、この章では、基本的なこととして、財務3表（貸借対照表、
損益計算書、キャッシュフロー計算書）の勘定科目の意味、その見方、
留意点についてお話しいたします。

　ここでご説明する内容は、金融機関の法人営業担当者であれば、当
然理解されていなければならないことですが、残念ながら私がさまざ
まな金融機関で実施してきた法人営業研修での経験からすると、理解
度が十分でなかったり誤解している人が多いという印象です。

　法人営業経験が長くなれば、「今さら聞けない」と曖昧な理解のまま
放置してしまっている人もいるのではないでしょうか。

　**事業性評価を推進するために企業の実態把握を財務的視点から行う
うえで、ここで説明する内容は 100% 理解していただきたい**ので、自
分の理解度を確認する意味で、しっかりと読み込んでいただきたいと
思います。

　最初にみなさんに質問です（図表16）。

図表16

	紳士靴販売会社	婦人靴販売会社
売上高	5億円	5億円
経常利益	2千万円	2千万円
棚卸資産	5千万円	5千万円

　この2つの会社において、どちらが財務的に良好であると考えられ
るでしょうか。

　「あれ？　同じではないの？」「どちらかというと婦人靴の方が売れ
るはずだから、婦人靴販売会社か？」と思われた方は、論点が分かっ
ていないことになります。

　特に、後者の回答をされた方は、財務の基本的構造が理解できてい

ないかもしれません。

「婦人靴が売れるはずだから」といっても、売上高も利益も同じであれば、損益計算書ベースでの収益力は変わりません。

ここで注目すべきなのは棚卸資産、つまり在庫です。

「在庫も同じ金額であれば、同じではないか？」と思われた方は、数字だけで判断してしまう表面的分析力、いわゆる教科書的判断力しか備わっていないことになります。

在庫には、ものによっては劣化しないものもあれば、劣化が激しいものもあります。

前者の代表格は雑貨類であり、後者の代表格は生鮮食品です。

では、靴はどうでしょうか。

紳士靴については、男性の方であればよくお分かりだと思いますが、何年も前の靴でも平気で履き続けていますよね。また、店頭に並んでいる紳士靴が、1年後に大きくモデルチェンジされてデザインや形や色が変わり、去年の靴は「時代遅れで履けない」ということはあまり聞いたことがありません。

一方で、婦人靴はどうでしょうか。1年前に流行った靴を今年新品で買おうと思うでしょうか。答えはNOです。つまり、婦人靴は鮮度の劣化が早いということです。

図表17を見てください。

図表17　婦人靴の鮮度の経過

婦人靴の鮮度……春物のケース				
前年秋	春	夏前	翌年春	数年後
発注	店頭 (100%)	セール (80%)	アウトレット (50%)	廃棄or露天商へ 売却(ほぼゼロ)

　婦人靴の場合、今年の春物は昨年の秋にはメーカーに発注され、春に「今年の新作」「今年の流行」として店頭に並びます。しかし夏前にはセールが始まり、店頭価格は定価の約８割になります。そして、秋物の新作が出てくる秋口には、それらの商品はバックヤードに追いやられ、翌年春には、一部を除いてアウトレット商品として販売されます。その時の価格は定価の半値ほどになります。更に、アウトレット商品も数年後には店頭から姿を消し、通常は焼却処分され、一部のノーブランド商品は、露天商にほぼタダで売却されることになります。

　つまり、上記の２社について、在庫額が同じであったとしても、婦人靴販売会社の在庫は劣化しているか、今後劣化するリスクの高い在庫である可能性が高く、健全性という観点からは、紳士靴販売会社に軍配が上がることになります。

　このように、財務諸表における数字について、単なる数字で判断するのではなく、その数字の根拠がどこにあるのか（つまり、果たしてその金額は実態を表しているのか）という観点で見なければならないということです。

　まず、財務諸表の貸借対照表の数字の中で、留意をしなければならない勘定科目をピックアップいたします。

貸借対照表（B/S）

　貸借対照表は、期末時点において、どのような調達（負債、資本）を行って、どのように運用（資産）を行っているのかを示したものになります。

　ただし、これらを構成する科目は多岐にわたるほか、非常に類似した名称のものがあります。また、業種によっては勘定科目の表記が異なることも留意いただき、その違いをしっかりと理解するようにしてください。

I　資産項目

　まず、次頁の資産項目をご覧ください（図表 18）。

　図表 18 は、資産項目を一覧にしたものです。この中で注意を払わなければならない科目は、網掛けの項目と斜線の項目です。網掛けの項目は資産であるものの実態があるのかどうかを確認すべき項目で、斜線の項目は経費性が高くいずれ費用として計上されるべき項目になります。

　まずは、網掛けの項目から説明していきましょう。

(1) 資産価値を検証すべきもの（□□□ の勘定科目）

◇◇◇【流動資産】◇◇◇

＜①売掛債権（売上に計上したものの、入金がされていない債権）＞

　手形、売掛金（建設業では完成工事未収入金）になりますが、いずれも割引や流動化といった方法で現金化することは可能ですが、決済

図表18　貸借対照表における資産項目一覧

資産項目		説明
流動資産		1年以内に回収が見込まれる資産
	現預金	手元現金、銀行預金など
	売掛債権	営業活動に伴う売掛金や受取手形
	有価証券	株式や債券などで1年以内に現金化される見込みのもの
	棚卸資産	原材料、仕掛品、完成品、商品等の在庫
	前渡金	商品やサービスを受け取る前に支払った手付金や外注費の支払いなど
	前払費用	利息や家賃など前払いで支払ったもの1年以内に費用計上されるもの
	立替金	取引先や社員が支払うべきものを会社が立て替えているもの
	仮払金	金額が確定していない経費を一時的に前払いしているもの 社員の出張費や交通費など
	未収入金	営業活動以外で生じた未回収の債権固定資産や有価証券の売却代金、不動産貸付の未回収賃料など
	未収収益	期日が到来していない債権について期間按分して計上した債権額期日が到来していない貸付金の利息など
	短期貸付金	子会社、取引先、社員などに1年以内の期限で貸し付けた債権
	貸倒引当金	売掛金などの回収不能が見込まれるものへの引当
固定資産		1年超使用または保有することが見込まれる資産
	有形固定資産	有形で資産性のある事業資産
	建物・構築物	建物や付属設備、構築物
	機械装置	機械類
	工具、器具及び備品	工具、事務機器、オフィス家具など
	車両運搬具	車など
	土地	
	無形固定資産	無形で資産性のある事業資産
	ソフトウェア	自社利用または販売用一定期間での減価償却を実施
	のれん	企業買収等で資産価値を上回る差額　一定期間で償却
	投資その他の資産	有形固定資産、無形固定資産に入らない長期固定資産
	敷金・差入保証金	賃貸物件のオーナーに差し入れる家賃の担保、あるいは退去時の原状回復費用見合いで差し入れたもの
	投資有価証券	1年以上保有する有価証券
	子会社・関係会社株式	子会社・関係会社株式
	長期貸付金	決算期より1年を超える返済期限で貸し付けている貸付金
	長期未収入金	回収までの期間が決算期より1年超見込まれる未収入金
繰延資産		支出する費用のうちで1年超使用または保有することが見込まれる資産
	創立費・開業費	創立費:会社設立までに要した費用 開業費:設立後営業開始までに要した費用　5年以内に償却
	開発費	新技術の開発や新市場開拓等に要した費用　5年以内に償却
資産計		

　　　　　　　　　資産価値を検証すべきもの　　　　　　　費用性のもの

条件に従って回収ができるまでは、販売先のリスクを負っていることになります（これは割引等行っていても同様です）。

　たとえば、A社と月末〆の翌月末現金払いとう契約を結んでいたとします。その場合、３月に販売した商品については、販売した都度売上には計上され（つまり損益計算書（P/L）には反映されます）、３月末〆で債権額が確定し４月末に入金されることになります。しかし、A社の財務状況が芳しくなく、４月末になっても入金されない場合、B/S上では売掛債権として引き続き計上されますが、もしA社が倒産した場合、回収できない可能性が高くなりますので不良債権として処理しなければなりません。

　適時処理をしている企業は健全ですが、中には回収見込がないにもかかわらず、売掛債権として計上したままの会社もあります。

　つまり、売掛債権に計上されている債権が回収される確率が高ければ問題ありませんが、回収に不安のある債権や、すでに期日を迎えながら回収の目途が立っていない債権は回収不能となる可能性が高い債権として認識しなければなりません。

　では、どうやってそれを判断するかというと、

1．決算書の売掛債権の回転期間を計算する
2．売掛債権回転期間と当社に確認している決済条件と突合する
3．決算期末の売掛債権に関係する月の売上高を確認する
　（月末〆翌々月末払であれば、２，３月の売上高を月次試算表等で確認）
4．勘定科目明細の金額を確認する
5．取引先に期日が経過している債権の有無、その理由、また回収の目途について確認する

というステップです。

　1については、売掛債権回転期間（売掛債権額／売上高×12（ヶ月））が前期（できれば過去２期以上）と比較して、長期化していないか確認することです。例えば、この場合（図表19）前々期において

171

売掛債権回転期間は1.64か月、前期は1.71か月と大きな変動はありませんが、今期は2.57か月とかなり長期化していることから、「なぜか」という疑問を持たなければなりません。**場合によっては架空売上を計上して、売上を水増ししている可能性も考えられます。**

図表19　売掛債権の回転期間

(単位:百万円)

	前々期	前期	今期
売上高	1,100	1,400	1,400
売掛債権	150	200	300
売掛債権回転期間(カ月)	1.64	1.71	2.57
3月の売上高			300
売掛債権回転期間(カ月)			1.00
A社向け債権		80	80

　2について、すでに確認している決済条件が、「月末〆の翌月末払(すべて現金)」ということであれば、長くても2か月(3月1日に販売したものは、4月末に決済される)ですので、前々期、前期は問題ないものと思われますが、今期については、2か月以上なので、一部の債権が決済されていない可能性が考えられます。

　ただし、売上高は1年間の数字である一方で、売掛債権は期末の数字でありますので、3月の売上高を確認する必要があります。

　3について、当社に確認したところ、今期の3月が例年になく売上が大きく膨らみ3億円であったとすれば、売掛債権回転期間は1か月ということになりますので整合性がとれることになります。

　もし、そうでなかったとすると、4として、勘定科目明細を確認して、前期と同額の債権がないか確認します。もし、全く同額の債権が

あったとすれば、それが不良債権化している可能性があります。（図表
ではA社向け債権80百万円）最終的には、5として、A社向け債権が
不良化していないか確認し、もし、たまたま同額で当期の3月に販売
した債権であったとすれば、他の債権について、期日経過の債権の特
定、その理由、いつ回収可能なのかを確認することです。もし、その
先が倒産している場合は、債権から外して、損失処理（特別損失とし
て）を当期決算で実施することが健全な処理となります。

＜②棚卸資産（在庫）＞

　棚卸資産は、売上を上げるための元手になる資産です。仕入れた商
品や、完成した製品、製品化される段階の仕掛品、製品製造のための
原材料などになります。（建設業では未成工事支出金：未完成の工事に
おいて発生した原材料費、人件費、外注費など、仕掛品に相当）

　これらが本当に資産性があるのかどうか判断するポイントは以下の
通りです。

　1．決算書の棚卸資産の回転期間を計算する
　2．棚卸資産の評価方法を確認する
　3．棚卸資産の劣化リスクがないか確認する
　4．劣化リスクがある場合どのように評価修正を行っているのか確
　　　認する

というステップになります。

　1について、①売掛債権の売掛債権回転期間と同様に計算をして、
前期（できれば過去2期以上）と比較して、長期化していないか確認
することです。

　もし、回転期間が長期化している場合、長期化している原因として、
Ⓐ評価方法（変更）に伴うもの、Ⓑ積極的な在庫投資によるもの、Ⓒ
在庫戦略の失敗によるもの、Ⓓ粉飾によるもの、が考えられます。

　Ⓐについては、ステップ2になりますが、図表20をご覧ください。
在庫評価方法はいくつかありますが、網掛けのものが一般的です。

図表20 主な在庫評価方法

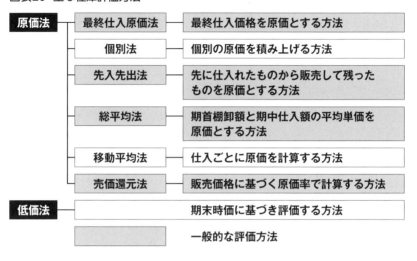

　原価が上昇している場合、最終仕入原価法や先入先出法の場合、直近の仕入原価が反映されますので、在庫評価額が膨らむことになります。また、売価還元法の場合、原価率が上昇している場合は同様です。

　図表21の通り、仕入価格が期中に上昇している場合、最終仕入原価法、先入先出法と総平均法では大きく差異が生じていますし、期初の在庫単価が100円ですので、いずれも単価が2倍近く上がっていることになります。

　また、在庫評価方法の変更は一般的ではありませんが、正当な理由がある場合は変更が認められていますので、前期と変更がないか確認してください。

　もし、上記の理由に因らない場合、Ⓑの積極的な在庫投資が考えられます。新製品の投入など、今後順調な販売が想定される場合や、価格の上昇が見込まれることから先行して在庫を確保している場合です。ⒶとⒷについては、戦略として問題はありませんが、その後想定外に新製品の売行きが悪かった、あるいは価格上昇が見込み違いとなった場合、販売できない商品在庫や単価の高い原料や商品が膨らんでしま

図表21　評価方法別の期末原価

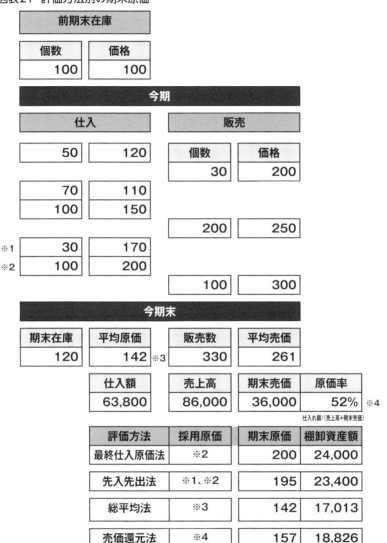

前期末在庫	
個数	価格
100	100

今期

仕入		販売	
50	120	個数	価格
		30	200
70	110		
100	150		
		200	250
※1　30	170		
※2　100	200		
		100	300

今期末

期末在庫	平均原価	販売数	平均売価
120	142 ※3	330	261

仕入額	売上高	期末売価	原価率
63,800	86,000	36,000	52% ※4

仕入れ額/(売上高+期末売価)

評価方法	採用原価	期末原価	棚卸資産額
最終仕入原価法	※2	200	24,000
先入先出法	※1、※2	195	23,400
総平均法	※3	142	17,013
売価還元法	※4	157	18,826

うことになりますⒸ。もし、Ⓐ～Ⓒでない場合、Ⓓを疑う必要がでてきます。これは、**利益を嵩上げするために、意図的に在庫の数量や単価を水増しして、仕入原価を少なく見せる方法**です。図表22のよう

に、期末棚卸資産を 150 から 250 に意図的に引き上げる（存在しない
架空在庫を 100 計上する、あるいは在庫評価の単価を嵩上げする）こ
とにより、仕入原価が 150 から 50 に引き下げられ、結果として利益が
100 水増しされることになります。（これは違法な会計処理です）

図表22　粉飾決算のメカニズム

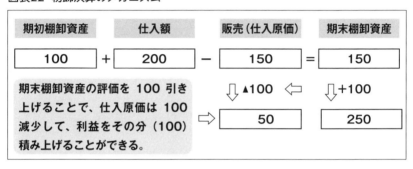

176

　これを行った場合、明らかに原価率が前期と比較して大幅に改善し
ている可能性が高いことから、もしそれが確認できた場合、原価率が
大幅に改善した明確な理由を求めてください。できれば、在庫の状況
を目視確認するとともに、棚卸資産台帳と突合して違和感がないか、
また原料在庫単価が仕入相場価格に対して、製品在庫単価が製品市場
価格に対して適正な水準かを調査することです。

　ちなみに、私が銀行員時代、ある新規先の医薬品卸企業から融資の
相談を受け、面談を行った際に決算書を拝見したのですが、収益状況
は全く問題なかったものの棚卸資産が異常に大きく違和感を覚え、帰
り際に「在庫はどちらにありますか」と尋ねたところ、「裏の倉庫にあ
ります」とのことでしたので、「拝見させていただけますか」とお願
いし、現場を見させていただいたところ、どうみても B/S に記載され
ている金額とは乖離していると感じ、その融資をお断りしたことがあ
ります。その数ヶ月後、その会社は粉飾決算で倒産。在庫の水増しに
より利益を計上しているように見せかけていたものの、実態は火の車

だったのです。つまり、数字だけで判断すると大きな落とし穴が待っているかもしれないということを肝に銘じてください。

次にステップ3ですが、ステップ1、2で特段問題が見られない場合においても、在庫の性質を見極めなければなりません。

ステップ1、2において判明した在庫についても、果たして在庫の価値が維持できるものかどうか、つまり鮮度の問題です。

先に紹介しました婦人靴もそうですが、流行り廃りが激しい、あるいは家電製品のように新製品が続々投入され製品価値が減価しやすいもの、生鮮食品をはじめとした賞味期限のあるもの、半導体など市場価格の変動が激しい製品などについては、果たして実態を反映した評価となっているのかを確認しなければなりません。

ただし、災害により著しく損傷した場合のほか、著しく陳腐化した場合（棚卸資産そのものには物質的な欠陥がないにもかかわらず経済的な環境の変化に伴ってその価値が著しく減少し、その価額が今後回復しないと認められる状態になること）に評価損が計上できることとしていますので、この規定に準ずる場合は、早めに評価損を計上して、健全な財務状態を維持するように指導することが肝要です。

177

＜③未収入金＞

未収入金は、営業活動以外で生じた未回収の債権で、たとえば、有休不動産にテナントビルを建てて賃貸している場合の賃料や、固定資産を売却した際の売却代金などが挙げられます。つまり営業活動以外の売掛債権です。これ自体は問題ありませんが、もし賃借人が賃料を滞納しており回収が困難である場合や、固定資産を売却したものの、相手の都合で代金の回収が滞っている場合など、不良化するおそれがあります。

そういう意味では、長期未収入金は1年超回収されていない債権ですので、こうした債権の可能性が高いと考えられます。

未収入金は売掛債権同様に短期間で回収されるものですから、この

金額が大きく、さらに期をまたいで計上されている場合は、内容に加え回収の目途があるのかどうか確認する必要があります。

＜④有価証券＞

短期有価証券は、1年以内に売却あるいは償還を迎えるものですので、通常短期売買目的で所有している有価証券になり、期末においては時価評価を行い、評価差額はP/Lに評価損益として計上します（満期保有の有価証券は除く）。しかし、中小企業の場合、時価評価を行わず、仕組債、外貨建債券、株式などで評価損を抱えているケースもあります。もし、この投資額が当社の財務体力から比較して過大である場合は、どのような銘柄なのか、現在の市場価格や償還条件はどうなっているのかを調査し、どの程度の売却（償還）損が発生する可能性があるのか、さらにP/Lへのインパクトがどの程度なのかも試算しておくべきです。もし、大幅な赤字に陥るような場合は、他の資産を売却して赤字を補填することを検討しなければならないかもしれません。

また、長期有価証券は1年超保有を前提とした有価証券です。通常は子会社・関係会社株式、取引先に対する政策的な目的で所有している株式、満期保有を目的とした債券ですが、短期有価証券として売却を前提としていたものの、評価損が大きくなり売るに売れず、長期有価証券に移し替えているケースもあります。子会社株式や満期保有目的の有価証券は取得原価で評価しますが、その他の長期有価証券は時価評価をしなければなりません（但し、評価損益はP/Lでなく、B/Sの資本勘定のその他有価証券評価差額金として計上）。しかし、短期有価証券同様に時価評価を行っていないケースや、子会社・関係会社が債務超過となっているケースもあり、投資額が過大であると判断される場合には、銘柄名、投資期間、償還条件、時価評価の確認、子会社・関係会社の場合は財務状況を確認した上で純資産ベースでの時価評価を行っておくべきです。

　中には、投資経験が未熟であるにもかかわらず、金融機関に言われるがままにハイリスクの商品を購入していながら、その中身を全く認識していない経営者もいます。

　もし、そうした事実があるならば、即座にその事実を経営者に伝え対処方針を図るとともに、今後一切このような投資を行わないように指導すべきです。

＜⑤貸付金＞

　一般的に短期貸付金は、役員、社員への福利厚生の一環としての短期的な貸付金ですが、経営者本人への貸付金のケースもあります。その場合、公私混同している可能性もありますので、どういう性格の貸付金なのか、契約書が存在するのか確認することです。ちなみに、勘定科目明細でも貸付先や金額は確認できますので、そのうえで、上記を確認してください。尚、過去の決算書にもみられる場合は、実質的に長期貸付金であるほか、回収不能となっている可能性が高いと考えられます。

　また、役職員に対して無利子または低利で貸付をしている場合、税法で定める利率を下回る利息は給与所得と認識されるほか、関係会社や取引先に対しても同様の貸付をしている場合、会社として未収であっても受取利息として認識しなければならないことから法人税の増加要因になることや、なによりも金融機関にとってネガティブな要因であることを伝えて、可及的速やかに解消させるよう働きかけるべきです。

　尚、長期貸付金は、１年超の貸付金で、短期貸付金同様に福利厚生の一環として役員、社員向けに貸し付けられるもののほか、取引先の資金繰りを支援するために行われる場合もあります。ただし、経営者向けや、取引先向けの貸付金には契約書もなく、ある時払い的な貸付金も存在しますので、その内容だけでなく、契約書の有無、返済条件などを確認することです。取引先向けの貸付金の場合、焦げ付いてい

179

る場合が見られますので、引当金処理をするなど健全な処理を行うように指導するとともに、金額が大きい場合は、P/Lへの影響についても試算する必要があります。

◇◇◇【固定資産】◇◇◇

＜⑥有形固定資産＞

　これは、通常においては事業活動を行う上で必要となる資産が大半です。

　本社、工場、倉庫、店舗、機械、車両などですが、中には事業とは関係ない、あるいは関係なくなった遊休不動産なども含まれます。

　有形固定資産は土地を除いて、減価償却の対象であり、一定の耐用年数に応じて、毎年減価償却を実施することが前提です。しかし、P/Lにおける経費項目になることから、減価償却が不足している場合もありますので、決算書の別表16、あるいは減価償却明細（減価償却資産の明細書）にて償却不足がないか確認してください。

　償却不足があるということは、一般的には資産の価値を超えた価格で資産が計上されているということですので、健全性は損なわれていると見るべきです。

　一方で、すでに償却が完了しているものの、十分に機能を発揮している資産（例えば機械や車など）であれば、簿価がなく減価償却という経費を伴わない資産を有効に活用しているということになりますので、効率的な収益を生みだしていると判断できます。

　また、減価償却明細は、個別資産の減価償却期間や現在の簿価が記載されていますので、主要な資産について確認することで、建物や機械などの老朽化がどの程度進んでいるのか確認できますので、金融機関としては新規投資のタイミングを推測する手段として活用することもできるのです。

　土地については、場所、面積、簿価等を確認して、特に建物が老朽化している本社・工場・倉庫や遊休不動産については、固定資産税評

価額から簿価との乖離が大きくないか、流動性（売却の容易さ）はどうか、資産活用に適した立地なのか、その場合どのような使途が考えられるのか、確認しておくことです。

　事業用資産で評価額や近隣売買事例等から判断して簿価を上回っているようであれば、移転（新規物件の購入、賃貸）による売却あるいは賃貸による有効活用なども想定されることから、金融機関として大きなビジネスチャンスにもなり得ますし、遊休不動産であれば、有効活用の可能性や虎の子の資産として業績が厳しくなった際に売却することで損失を補填するほか、資金繰りを大幅に改善する効果が期待できます。

＜⑦無形固定資産＞
　無形固定資産の一般的なものは、会計ソフトなどのソフトウェア、商標権、特許権、営業権、電話加入権などがあります。

　これらは有形固定資産と同じく減価償却期間が定めており、商標権は10年、特許権は8年、営業権は5年、ソフトウェア（自社利用の場合）は5年などとなっていますが、土地にかかわる地上権、借地権、地役権及び電話加入権（電話回線を引くための負担金）については、減価償却の対象外となっています。尚、電話加入権については、昨今の携帯電話の普及もあり現在では価格も下がってきており、売却価格はほとんど見込めませんので、資産価値はないものと認識すべきです。

　これらの資産については、正確な価格を算定するのは非常に困難ですが、どういった内容のものなのか、使用されているものなのか、価値が認められるものなのかなどについて確認をする必要があります。

＜⑧のれん＞
　営業権取得にかかるのれんは、買収価格と純資産の差額であり一定期間で償却をすることになります。

181

図表23 をみてください。

図表23　のれんの記載例（A社（純資産200）をB社が300で買収した場合）

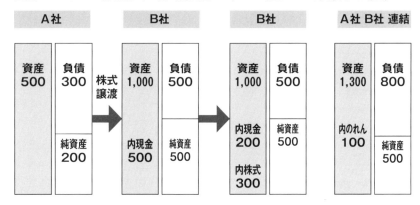

　B社がA社（純資産 200）を買収する場合、純資産が基本になりますが、A社に資産に現れていない価値があり 300 で買収した場合です。

　連結財務諸表の場合は、A社株式はA社の純資産と相殺され、のれんとして差額の 100 が計上されることになります。

　一方で、株式譲渡で子会社化する場合は、B社としてはA社株式を取得する形となることから、のれんは発生せず、B社単体の財務諸表においては、A社株式として 300 が計上されます（現預金がその分減少）。

　このれんは、20 年以内に「投資の回収期間に基づいて決定された償却期間」により償却（一般的には定額償却）することになっています。

　しかし、投資効果が見られなくなった場合には、減損処理をする必要がありますので、のれんが計上されている場合は、「何に基づくのれんなのか」、「のれんの価値は維持できているのか」を客観的に判断して、必要と思われる場合には、減損処理を促す必要があります。

　一方で、負ののれん（純資産を下回る価額での買収における差額）が発生した場合は、一括して特別利益として処理することになります。

(2) 経費性が高いもの（▨▨▨ の勘定科目）

◆◇◆ 【流動資産】 ◆◇◆

＜①前払費用＞

前払費用は、借入金利息や家賃などにおいて、前払いで支払ったものになります。

たとえば、3月決算の会社が、1月に金融機関から借入をした際に、前払いで6月末までの利息を支払った場合、4月1日から6月末日までの利息は当該期にかかる利息ではなく、翌期における利息ですので、当該利息が前払費用として資産計上することになります。ただし、翌期には支払利息として計上されなければなりません。

前払費用はあくまでも翌期に経費化する費用ですので、通常は大きな金額になることはあり得ません。しかし、業績が悪い会社において、経費処理することで利益が減少することを避けるために、あえて前払費用として計上し続けている場合もあります。

もし、前払費用が多額に計上されている場合は、何にかかるものなのかを確認して、処理が正しく行われているのか確認をしてください。

また、翌期を超える費用については、長期前払費用としてその他固定資産に計上されます。たとえば、長期にわたり発生するリース料、家賃、地代、保険料などがありますが、これらについても、どういう内容のものかは確認しておくべきです。

＜②仮払金＞

仮払金は金額が確定していない経費を一時的に前払いしたものです。たとえば、社員が海外出張に行く場合、どの程度経費がかかるかわからないので、一時的に費用を見越して現金を渡しておくようなケースです。

ただし、**仮払金は不正の温床になる最も危険な勘定科目**です。

経理担当者が私的流用する場合、現金を着服するに際して仮払金と

して処理しているケースが見られます。これは、後述の立替金も同様に利用されますので要注意です。

仮払金は、通常はありえないものと考えて、もし計上されている場合には、金額の多寡にかかわらず内容を確認することです。

ちなみに、出張等の経費については、近時はコーポレートカードやICカードを活用するケースが増えてきていますので、もし未だ現金での払い出しをしているようであれば、こういったカードに代替することを慫慂するべきかと思います。

尚、金融機関のアウトプット計表では、限定した勘定科目にまとめられてしまうことがあり、仮払消費税が仮払金に含まれていることもありますので、アウトプット計表で判断する場合は、まずその点を確認してください。

＜③繰延資産＞

支出する費用のうちで、その効果が支出日以降1年以上認められるものです。

会社設立に際してかかった費用である創立費、会社設立から営業開始までにかかった費用である開業費、新技術の開発・新市場の開拓等にかかった費用である開発費、社債発行にかかった費用である社債発行費などになります。

創立費、開業費、開発費は5年以内、社債発行費は社債償還期限内に償却することとなっています。なお、均等償却でなく任意償却（償却の時期、金額が任意で決められる）も可能です。

(3) その他の勘定科目

＜①立替金＞

立替金は、取引先や社員などが支払うべき経費を一時的に立て替えて支払っているものになります。一時的なものであり貸付金とは違い

利息が発生しないものですので、長期化することは想定されていないものです。もし、長期化する場合は、貸付金に振り替えて貸付金契約を締結するなど対策が必要です。

立替金は回収されれば現金に振り替わる勘定科目ですので、滞留すべきではなく、金額が大きい場合には、内容および回収の時期について確認するとともに、上記の通り、回収までに時間を要する場合には貸付金に振り替えて、回収を促すことも必要になります。

＜②貸倒引当金＞

貸倒引当金は、売掛金、手形、貸付金、未収入金などの債権において、回収不能になるリスクに備えるために、引当金として処理したものです。

すでにP/Lにおいて費用として処理していますので、B/Sにおいては、マイナスで記載します。

通常は、貸倒実績率などの合理的な計算によって計算された金額を費用計上することが認められていますが、中小企業の場合に限っては、業種ごとに定められている法定繰入率に基づき引当金を計上することが認められています。

また、中小企業の場合は、いくつかの基準に合致した場合において、回収リスクが高い債権に関しては、個別引当も可能です。

尚、すでに債務者が倒産するなど、全額回収見込がない場合には、貸倒損失を計上してB/Sから債権そのものを抹消することになります。

Ⅱ　負債項目 （図表24）

＜①買掛債務＞

売掛債権と反対で、営業活動において支払うべき債務のうち支払いが完了していないもので、支払手形や買掛金になります。

支払手形や買掛金は、相手からサービスや商品の提供を終えている

図表24　貸借対照表における負債項目一覧

負債・資本項目		説明
流動負債		1年以内に支払うべき負債
	買掛債務	営業活動に伴う支払手形や買掛金
	短期借入金	1年以内に返済期日の到来する借入金
	1年以内長期借入金	長期借入金のうち1年以内に返済期日が到来する金額
	未払法人税等	当該期における法人税等の税金のうち未払いのもの
	未払金	単発的な取引において発生した債務における未払いのもの 例:備品購入費、有価証券購入代金、カード未決済代金など
	未払費用	継続的な取引において発生した債務における未払いのもの 例:賃借料、リース料、借入金利息など
	預り金	社員、取引先などが負担すべき資金を一時的に会社が預かっているもの　例:源泉所得税など
	前受金	役務の提供や商品販売が完了する前に受け取っているもの 例:手付金、頭金など
固定負債		1年超において支払うべき負債
	長期借入金	1年を超えて返済期日の到来する借入金
	長期未払金	1年を超えて期日の到来する未払金
	退職給付引当金	退職金支払いのために引き当てているもの
株主資本		出資金、過去からの利益など返済義務のないもの
	資本金	株主から払い込まれた資金
	資本剰余金	株主から払い込まれた資金のうち資本金にしなかったもの
	利益剰余金	過去の営業活動で得た利益のうち留保されている金額
資産計		

　ものの、未払いとなっている債務であり、これはできるだけ期日を先延ばしすることで、資金繰りは好転します。たとえば、本来であれば、3月末にすべてのサービスを受領しているものの、支払を4月末としていれば、4月末までの1ヶ月間、サービス代金の支払いにかかる現金が確保できることになります。

　買掛債務は、売掛債権と逆で買掛債務回転期間（買掛債務額／売上高×12（ヶ月））が前期（できれば過去2期以上）と比較して、長期化していれば資金繰りを助けていることになりますので、企業にとっては望ましい一方で、短期化している場合には、資金繰り悪化要因となりますので、注意しなければなりません。

そこで、行うべきステップは以下の通りです。

1．決算書の買掛債務の回転期間を計算する

2．買掛債務回転期間と当社に確認している決済条件と突合する

3．決算期末の買掛債務に関係する月の仕入額を確認する

　（月末〆翌々月末払であれば、2，3月の仕入額を確認）

4．勘定科目明細の金額を確認する

5．取引先に仕入条件が変更となった先がないか、長期化している場
　　合は支払遅延が生じていないか、また支払予定について確認する

　1については、上記のとおり、買掛債務回転期間と比較して、変動がないかどうか確認することです。長期化している場合は、支払条件が緩和されている可能性がある一方で、支払に遅延が生じている可能性もあります。短期化している場合は、支払条件が悪化している可能性がある一方で、当社の資金繰り状況が良好であることから、仕入価格の値下げ交渉を優位に進めるために敢えて行っている可能性もあります。

　たとえば、この場合（図表25）前々期において買掛債務回転期間は1.64ヶ月、前期は1.71ヶ月と大きな変動はありませんが、今期は

図表25　買掛債務回転期間の推移　　　　　　　　　　（単位:百万円）

	前々期	前期	今期
売上高	1,100	1,400	1,400
買掛債務	150	200	100
買掛債務回転期間(カ月)	1.64	1.71	0.86
3月の仕入高			100
買掛債務回転期間(カ月)			1.00
A社向け債務	100	120	0

0.86 ヶ月とかなり短期化していることから、「なぜか」という疑問を持たなければなりません。

　２について、すでに確認している決済条件が、「月末〆の翌月末払（すべて現金）」でということであれば、長くても２ヶ月（３月１日に仕入れたものは、４月末に決済される）ですので、前々期、前期は問題ないものと思われますが、今期については、１ヶ月未満なので、全部または一部の債務については決済条件が変更になった可能性が考えられます。

　ただし、売上高は１年間の数字である一方で、買掛債務は期末の数字でありますので、３月の仕入高を確認する必要があります。

　３について、当社に確認したところ、今期の３月は例年とは違い仕入を控えたことで、仕入額が 100 百万円であったとすれば、買掛債務回転期間は 1.0 ヶ月ということになりますので整合性がとれることになります。

　もし、そうでなかったとすると、４として、勘定科目明細を確認して、前期と比較して大きく減少している先がないか確認します。もし、該当する取引先があった場合には、その取引先との決済条件が変更になっている可能性があります。（図表ではＡ社向け債務が前期の 120 百万円からゼロに減少）

　最終的には、５として、Ａ社との取引における支払条件に変更がなかったか確認し、もしも現金決済によって仕入価格のディスカウント交渉が首尾よく成立したことが要因であったとすれば問題解決となります。

　一方で、長期化している場合についても、上記と同様のアプローチを行い、支払遅延が発生していないか、現預金残高の状況も含めて確認をしてください。

　ちなみに、建設業者の場合、公共工事を直接請け負うために受審しなければならない**「経営事項審査」**があり、その評価項目の中に、自己資本比率や総資本売上総利益率が入っていることから、この点数を

引き上げるために支払債務の圧縮を意図的に実施するべく、期末における支払を現金で行うなど、政策的な判断による場合もありますので、理由を確認することが重要になります。

＜②未払金、未払費用＞

　未払金と未払費用の違いは、未払金が単発的な取引に基づく債務である、または役務提供が完了し債務が確定しているものであるのに対して、未払費用は、継続的な取引に基づく債務である、または役務提供が完了しておらず役務が継続しているものと定義できます。

　未払金の例として、機械類などの固定資産の購入費用、消耗品などの購入費用、修理、メンテナンスの費用、掲載が完了している広告費用などになります。

　未払費用の例として、利息後払いの借入金利息、リース料、家賃の当期末日までの未払分、当月末〆翌月 25 日支払の給与などになります。

未払費用で注意しなければいけないのは、給与の未払いです。

　現預金の残高が枯渇していて、未払費用が多額に計上されている場合は、給与の未払いが発生しているリスクを疑う必要もあります。また、固定資産税、給与天引きした預り金に計上している所得税、未払い消費税の滞納など税金関係の未払いも懸念されますので、未払金、預り金勘定が異常値でないかどうか確認することです。

　尚、未払金で１年超のものは長期未払金として固定負債勘定にて処理されます。

＜③預り金＞

　預り金は、役員、社員、取引先などから本来彼らが支払いうべきものを会社が支払うために一時的に預かっているもので、所得税や保険関係が主なものです。所得税については給与支払い対象の社員が常時10 名未満の場合を除き給与支払月の翌月 10 日までに（10 名未満の場合は半期に１回）、健康保険や年金保険については、翌月末日までに支

払うのが原則です。

　つまり、時限が限られているものですので、決算期末においても1か月分の天引き分ですから、月額給与の20％程度ですので、決算書の労務費・給与総額／12（月）×0.2で計算すれば、概算額は見積もることができます。

　もし、**この計算金額よりも過大である場合は、預り金の内容、所得税や保険料の滞納が疑われます**ので、そのような事実がないか未払費用項目と併せて確認してください。

<②前受金>

<④前受金>

　前受金は役務の提供が完了していないにもかかわらず、その一部または全部を享受しているものになります。

　手付金、内金といったもので、建設業界ですと未成工事受入金（工事が完成していないものの一部資金を受け入れているもの）がこれに該当します。尚、前受金は預り金的な意味合いが強く、役務の提供の不備、サービス提供の中止などによりキャンセルされたり減額される可能性があることから、その時点では負債勘定に計上しており、役務提供が完了した段階で、売上に計上することになります。

　前受金が大きい場合は、どういった性格のものか、キャンセル等により返還義務が発生するものなのかどうか確認しておくべきです。また、もしそうした事態が生じた場合、返還のための資産は現預金ですので、相応の現預金が確保されていることも確認しておかなければなりません。

<⑤未払法人税等>

　未払法人税等とは、法人所得税、法人事業税、法人住民税になります。

　これらは、納税時期が決算期の2か月後であることから、当該期の確定納税額から前期納税額を基準に計算された中間納税額を予定納税として支払っている金額を差し引いた金額を計上します（図表26）。

図表26　未払法人税の考え方

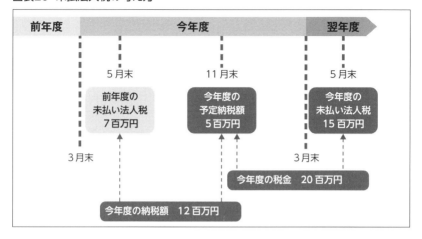

　前年度の法人税額が10百万円で、前年度に予定納税で3百万円支払っていた場合、今年度の5月末に残額の7百万円を支払っています。今年度の11月は予定納税として前年度の法人税額の半分である5百万円を支払ったところ、今年度の税金額は20百万円となりました。そうすると、20百万円のうち5百万円は予定納税で納付済ですので、翌年度の5月末には残額の15百万円を支払うことになります。

　この場合、B/Sの未払い法人税は15百万円として計上されますが、今年度支払ったキャッシュベースの納税額は前年度の未払い法人税であった7百万円と11月に支払った予定納税の5百万円の12百万円ということになります。実は、このズレが後述するキャッシュフロー計算書の作成において、間違いやすい項目になります。

　P/Lベースでは、20百万円ですが、キャッシュフロー（C/F）ベースでは12百万円となり、8百万円のズレが生じることを理解してください。

<＜⑥退職給付引当金＞

　これは、将来支払われる退職金のうち、現在までに発生している金

額を計上するものです。簡単に言えば、社員全員に退職金として支払われる総額のうちの現時点において見積もられる金額から、年金資産として外部に積み立てている金額を差し引いた金額です。その期に退職者がでて、退職金が支払われれば、引当金を取り崩して支払いに充当し、1年間の経過分を加算した金額との差額を新たに引当金として計上することになります。新たに計上された引当金は、P/Lでは退職給付費用として販売費及び一般管理費に計上します。ただし、損金としては認識されませんので、もし損金として計上したいのであれば、中小企業退職金共済制度（中退共）、小規模企業共済制度を活用して外部積立を行えば、損金計上できますので、もしこれらを活用していない企業であれば、これらの活用をアドバイスするといいと思います。

　尚、退職給付引当金は社内で引当処理を行っているだけであり、それに相当する現金を確保していなければ意味がありません。つまり、もし近々定年等による退職者が続出する場合、支払うための現金が確保できているのかは確認しなければなりませんし、もし確保できていないようであれば、至急資金手当ての対策が必要になります。

　また、業績悪化による赤字決算を回避するために、折角積み立てていた退職給付引当金を取り崩して特別利益として計上するケースも見られますが、これは引当金の趣旨からすると好ましい処理ではありませんので、もし退職給付引当金が大きく減少する一方で特別利益が計上されている場合は、その理由を必ず確認することです。

Ⅲ　資本項目

＜①資本金、資本準備金＞

　資本金、資本準備金は会社設立時、増資による株式発行時に払い込まれた資金の額になります。

　一般的には全額資本金に計上されますが、資本金の1/2を超えない額を資本準備金に計上することができます。

　資本準備金に計上するメリットは、出資金が 1000 万円を超える場合において、下記が挙げられます。

- 資本金が 1000 万円以上の場合は設立当初より消費税の納付義務が発生しますが、1000 万円未満にすることで、1 年もしくは 2 年間の消費税が免税となるため、設立当初の払込金が 1000 万円以上の場合、資本金を 1000 万円未満として残額を資本準備金とすることでそのメリットを享受できること。

  但し、出資金が 2000 万円の場合は、資本準備金に繰り入れることができる金額は、その 1/2 の 1000 万円が上限になりますので、資本金は 1000 万円を下回ることができません。

- 法人住民税の均等割りも標準税率が適用される地域であれば、資本金が 1000 万円以下と 1000 万円超で金額が変わってくること。

- 繰越利益剰余金にマイナス（資本の欠損）が生じた際に、取り崩しによる補填をする場合、手続きが容易であること。（資本金を取り崩す（減資をする）場合には、株主総会の特別決議が必要ですが、資本準備金を取り崩す場合は普通決議で行うことができます）

　また、**資本金が 1 億円を超える場合に対して 1 億円以下にすることによるメリットもあります。** このメリットを享受するために、資本金を 1 億円にとどめ、出資金の残額を資本準備金に繰り入れる場合もあります。

- 資本金を 1 億円以下にすることで、外形標準課税の対象外となり、利益以外にかかる資本割、付加価値割といった税金加算を回避できる。

- 中小法人における軽減税率の適用となる。（但し所得金額が 800 万円以下）

※**所得金額とは**：法人税における課税対象の金額で、企業会計における収益から費用を差し引いた額（利益）とは異なるものになります。所得金額と利益との相違が生じるのは、「益金の算

193

入・不算入」、「損金の算入・不算入」によるものです。

　税引前利益＋加算項目（益金算入額＋損金不算入額）－減算項目（益金不算入額＋損金算入額）により計算されますが、これらの主なものは下記の通りです。

益金不算入：受取配当金（配当金は対象企業が法人税を支払った
　　　　　　後のものなので、二重課税を避けるため）

損金算入　：繰越欠損金

損金不算入：一定限度を超えた減価償却費、交際費、役員賞与、
　　　　　　無償で資産を売却した場合の寄付相当額（対象資産
　　　　　　の時価相当額－簿価）の一部

　確定申告書では、別表四に所得の明細が示されていますので、一度確認してみてください。

- 交際費について年800万円までは経費として認められる。（損金算入）
- 繰越欠損金を翌年以降発生した黒字との相殺に100％活用できる。（10年以内に発生したものに限る：大企業は50％まで）

　ただし、認可事業として最低資本金が定められているものもありますので、意図的に資本金を抑えることができない場合もあります。

　また、資本金は企業信用力のバロメーターとして見られることから、こういった点を勘案する必要もあります。

　企業を見る場合、資本金、資本準備金の絶対額は適正か、過去において増減がないかどうかを確認してください。もし過小資本であれば商取引等において不利益を被っている可能性もあり得ますので、同業他社の水準なども参考に増資について検討を促すことも必要かと思います。また、増減資が行われているようであれば、その理由について確認することです。

＜②利益剰余金＞

利益剰余金は過去の利益の累積になります。

実は、この金額を確認することは非常に重要で、特に歴史のある会社であれば、一般的に利益剰余金は相当な金額になっているはずです。

もし、この金額と最近の利益水準（税引後最終利益）と比較して、バランスが取れていないと思われる場合は、過去において大きな利益（あるいは損失）を計上していた可能性があることから、確認する必要があります。

たとえば、直近3期の決算における最終利益が10百万円ずつ計上されている業歴50年の会社の利益剰余金が1億円しかなければ、1億円のうちの30百万円は直近3期のものですので、過去47年で70百万円しか利益が積みあがっていないことになります。

過去に大きな損失があったのかもしれませんし、47年間はほとんど利益を上げることなく低空飛行が続いていたのかもしれません。あるいは、利益を配当でほとんど吸い上げていたことも考えられます。

大きな損失があった場合は、「何が原因であったのか、それに対してどのような対策を講じてきたのか」、これまでほとんど利益があがっていなかったとすれば、「なぜここ3期については、利益が安定的に計上できるようになったのか」、配当で吸い上げていたとすれば、「なぜ足元でその方針を変更したのか、またその配当資金はどの程度プールされているのか」を確認することです。

損益計算書 (P/L)

　損益計算書は、会社の1年間の収益を表したものになります（図表27）。

　トップラインの本業での稼ぎである売上から始まり、売上にかかる原価を差し引いた売上総利益、事業にかかる経費を差し引いた営業利益、売上に計上されない経常的な利益と経常的な費用を加減算した経常利益、さらに一時的な利益と費用を加減算した税引前当期純利益、最後に法人税等を差し引いて当期の最終的な当期純利益となります。

図表27　損益計算書概要

損益項目		説明
売上高		本業における収入
売上原価		売上として計上された製品、商品、サービスの原価
	うち減価償却費	売上原価における減価償却資産の減価償却額
売上総利益		売上にかかる直接原価を差し引いた利益
販売費及び一般管理費		事業活動において使われた経費（人件費・広告宣伝費・減価償却費・賃料など）
	うち減価償却費	販売費及び一般管理費における減価償却資産の減価償却額
営業利益		本業における活動で得た利益
営業外収益		本業以外の活動で経常的に発生する収益
	受取利息	貸付金、預金などの利息
	受取配当金	有価証券等の配当金
	雑収入	その他の収入
営業外費用		本業以外の活動で経常的に発生する費用
	支払利息	金融機関等からの借入にかかる利息
	雑損失	その他の費用
経常利益		経常的な活動によって得た利益
特別利益		臨時・例外的に発生した利益
特別損失		臨時・例外的に発生した損失
税引前当期純利益		
法人税、住民税及び事業税		
当期純利益		最終的な利益

　尚、注意しなければならないのは、**売上など収益は実現主義、費用は発生主義**で計上されますので、現金主義でなないということです。

　詳しくは個別の勘定科目のところで、説明していきます。（2021 年 4 月からはじまる会計年度から適用される新会計基準については、大企業以外は任意適用のため従来の会計基準を前提とします）

Ｉ　収益項目(実現主義)

＜①売上高＞

　売上高は、当期に販売した商品や提供したサービスの対価として受け取った金額になります。ここで注意しなければならないことは、売上計上は実現主義であるということです。

　つまり、「収益が実現した日」であり、現金主義のように「現金が入った日」ではないということです。ですから、売掛金や手形で受け取った場合は、現金は入っていませんが、売上として計上することになります。

　売上計上基準は、主に下記の種類があります（図表 28）。

図表28　主な売上計上基準

売上計上基準		説明
製品等販売		
	出荷基準	取引相手に出荷した時点で売上に計上する基準
	納品基準	取引相手に納品した時点で売上に計上する基準
	検収基準	検収が完了した時点で売上に計上する基準
不動産販売		
	使用収益開始基準	収益を上げることができる状態になった時点で売上に計上する基準（鍵の受け渡し完了など）
請負		
	工事完成基準	工事が完成した時点で売上を計上する基準
	工事進行基準	工事の進捗状況に応じて期間按分して売上を計上する基準

＜①営業外収益＞

　営業外収益は、本業における収入が売上であるのに対して、本業以

外の収入にかかわるもので経常的に発生するものになります。たとえば、不動産を本業としない会社の不動産賃貸収入や、貸金事業者でない会社の貸付金にかかる利息収入、保有有価証券の配当や売却目的の有価証券の売却収入、評価損益などになります。

　経常的収益になりますので年度で大きなブレが生じる可能性は少ないことから、大きく増減した場合は、新たな本業以外の資産を購入したか、売却した可能性があることから、確認することです。また、雑収入の項目が大きい場合は、その内容を確認してください。

　さらに、営業外収益での計上が不適切なケースもあります。

　定款で「主たる目的」に記載されている事業にもかかわらず、営業外収益で計上されている場合は、売上高に計上できる可能性もあり、その場合営業利益を嵩上げすることができます。一方で、経常的でない一時的な利益にもかかわらず、経常利益を黒字にするために営業外収益で計上しているケースもあり、内容を確認することは重要です。

＜②特別利益＞

　特別利益は、臨時的な利益です。不動産の売却、投資有価証券の売却、引当金の戻り入れなどになります。

　これらは一過性のものになりますので、通常は毎期多額に発生するものではありませんが、もし継続して発生している場合は、決算調整（最終利益の黒字化）のために意図的に行っている可能性もあることから、どのような要因によるものか確認することです。

Ⅱ　費用項目(発生主義)

　発生主義とは、経済的な価値が発生したタイミングを基準に費用として認識する考え方です。典型的な費用項目は減価償却費になります。減価償却費とは、購入した資産を長期にわたって使用する場合に、購入した期に費用認識するのではなく、適正な使用期間（耐用年数）に

配分して費用計上するというものです。

　他には、借入金の金利について、3月決算の会社がその期の10月1日に1年間の金利を前払いしていたとした場合、翌期の4月1日から9月末までの利息は翌期に生じる利息になりますので、これは費用として認識しないことになります。（前払費用として処理）

＜①売上原価＞
　売上原価とは、商品やサービスの売上に要した仕入、製造にかかった費用になります。

　簡単な例として図表29-1で説明します。

図表29-1　販売会社の場合

| 期初在庫
50万円
(@5000円×100着) | 売上原価
110万円
(@5000円×100着、
@6000円×100着) |
| 期中仕入
120万円
(@6000円×200着) | 期末在庫
60万円
(@6000円×100着)
最終仕入原価法 |

　当社は、スーツの販売会社で、期初の在庫評価が50万円（100着（@5000円））で、今期に120万円（200着（@6000円））を仕入、期末における在庫が最終仕入原価法により60万円（@6000円（100着））でありました。

　この場合、今期販売されたスーツは200着（100＋200－100）、原

価は、110 万円（50 万円 + 120 万円 - 60 万円）になります。

　製造業の場合は少し複雑になります。（図表 29-2）

図表29-2　製造業の場合

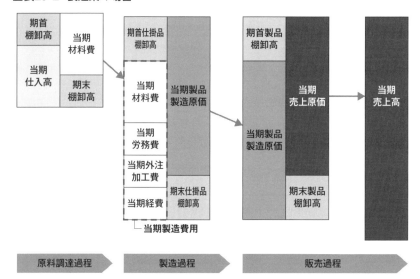

原料調達過程　　製造過程　　販売過程

　製造業の場合、材料を仕入れ、製造を行い、製品を完成させ、販売することになります。

　まず、材料の期首棚卸高があり、当期の仕入が発生して、それらが当期の材料費として使用され、残りが期末棚卸高となります。

　当期使われた材料費、外注に出した加工費、製造にかかわった人員の工賃（労務費）、電力料金など製造にかかわる経費が当期の製造費用となります。

　なお、製品になっていない半製品もありますので、期首の仕掛品の棚卸高とこの製造費用を加えて、期末における仕掛品の棚卸高を差し引いたものが当期の製造原価になります。

　数字を入れてみると、図表 29-3 のようになります。

図表29-3　具体例

製造原価とは、製品を製造するために要した費用＋仕掛品棚卸高の減少分
内訳は、製品の原料となる**材料費**、製造に関わる人件費（**労務費**）、
製造に関わる**外注費**、製造に関わる**経費**（光熱費、製造設備の減価償却費等）
＋仕掛品棚卸高の減少分

Ⅰ　材料費		
期首棚卸高	500	(ⅰ)
当期仕入高	400	(ⅱ)
期末棚卸高	600	(ⅲ)
当期材料費	**300**	**①**
		(ⅰ)＋(ⅱ)＋(ⅲ)

Ⅱ　労務費	220	②
Ⅲ　外注加工費	100	③
Ⅳ　経　費	220	④

当期製造費用（①～④）　840　⑤

期首仕掛品棚卸高	550	⑥
期末仕掛品棚卸高	600	⑦

当期製品製造原価（⑤＋⑥－⑦）　790

期首製品棚卸高	800	⑧
当期製品製造原価	790	⑨
期末製品棚卸高	700	⑩

当期売上原価（⑧＋⑨－⑩）　890

売上原価とは、売上に
対応する仕入原価

　売上高は、「⑧期首に在庫としてある製品」と「⑨当期に製造した製品」から「⑩期末に在庫となった製品」を差し引いたものが販売されていることになりますので、これが売上原価となって売上高の原価となり、その差額が売上総利益となるのです。

　よく勘違いされているのが、売上高と当期に仕入れた材料費がリンクしていると思い、「原価率が上がっているのは、当期に仕入を増やしたから」という答えをされる方がおられます。たとえ、仕入が増えたとしても、あくまで原価になるのは、販売されたものに紐づいたものだけですので、たとえば、（期初在庫がない前提で）仕入が100個で100万円であったとして、販売が10個で20万円であれば、売上高は20万円、原価は10万円（100万円／100個×10個）になり、原価率は50％です。残りの仕入は在庫として資産に計上されることになります。この点を誤解しないようにしてください。

　ですので、原価率が上昇する（総利益率が低下する）要因としては、①原料高、外注加工費高、等により製造単価や商品の仕入単価が上昇したにもかかわらず販売単価を原価上昇率分引き上げられなかった、②原価コストは変わらなかったものの販売価格が下落した、③製造工程における歩留まり率の低下、機械の稼働能力の低下など、製造工程における生産性が低下した、④製品や商品の販売構成が変わり、原価率の高い製品、商品の割合が増加した、といった理由が考えられます。

　もし、前期水準から原価率が大幅に上昇（総利益率が大幅に低下）している場合には、これらの4つの要因のどれなのかを確認することです。

- 原料コスト高⇒　調達先の変更や相見積もりによる価格引き下げ
- 加工コスト高⇒　加工先の見直し、加工賃の引下げ交渉
- 経費コスト高⇒　電力料金等の公共料金、運送費等の上昇している費用の効率化
- 人件費（労務費）高⇒　生産人員体制の見直しによる生産性の向上
- 販売単価⇒　販売先の見直し、販売ルートの見直し、新規先の確保
- 生産性の低下⇒　生産現場の確認、機械の入替え、生産ラインの見直し
- 販売構成変更⇒　販売製品（商品）戦略の見直し、販売戦略の見直し

等について検討し対策を進めていく必要が考えられます。

＜②販売費及び一般管理費＞

　売上原価が売上を計上するために発生した仕入や製造にかかる費用であるのに対して、販売費及び一般管理費は売上を上げるためにかかった費用や企業を維持していくために必要な費用となります。

　販売費は、売上をあげるための販売活動において発生した費用であ

り、一般管理費は、企業を維持していくために必要な管理費用になります。

販管費の主なものは、販売にかかる人件費、広告宣伝費、交通費、交際費、会議費、販売促進費、代理店手数料、委託手数料などです。

一般管理費の主なものは、本社や支店の事務にかかる人件費、家賃、本社等の減価償却費、保険料、通信費、水道光熱費、事務用品費などになります。

中でも注意を払うべき勘定科目は、交際費、地代家賃、手数料で、これらの金額が大きい場合は、内容をできる限り確認することです。

交際費は、営業活動における会食、贈答などの費用ですが、会社規模から判断して過大である場合は、経営者の個人的使用や社会通念上不適切な金額のものが含まれている可能性があります。

地代家賃は、経営者の所有する不動産を賃貸している場合などにおいて、市場実勢に照らして高額な家賃を支払うことで、経営者に利益の移転を行っていることも考えられます。

手数料は代理店に支払う代理店手数料や業務の委託にかかる委託手数料などになります。最近ではEC販売などによるEC運営会社に対して支払う代理店手数料がありますが、売上に対する効果も検証しないままに多額の経費を支払っているケースや、委託手数料と称して、経営者の親族などに実態の伴わない手数料を支払っているケースも考えられます。

<③減価償却費>

減価償却費は、建物、構築物、機械、車両などの有形固定資産（土地や宝石・骨董品などの劣化しない資産は対象外）、ソフトウェアなどの無形固定資産など、長期にわたって使用する資産について、購入した期に費用認識するのではなく、適正な使用期間（耐用年数）に応じて配分し費用計上するものです。

たとえば、車の場合、小型車を除く一般車両であれば6年ですし、

203

鉄筋コンクリート造りの事務所建物であれば50年など、耐用年数が定められており、これに従って償却を行うことになっています。

　工場など原価にかかる建物や機械などについては、原価において計上し、それ以外のものについては、販売費及び一般管理費で計上します。

　減価償却方法は、定額法と定率法があり、建物、建物付属設備、構築物は定額法と定められていますが、それ以外の資産はどちらかを選ぶことになっています。

　定額法：耐用年数の期間において毎年均等に償却する方法

　定率法：耐用年数に応じた償却率に応じて毎年償却する方法

　定額法は毎年同額（期中の場合は経過月での按分）で償却しますが、定率法は初年度の償却額が大きく徐々に減少していきます（図表30）。

　これは、車の減価償却の推移を示したものです。

　減価償却の意味は、経年劣化が生じる資産について、税法で定められた耐用年数に応じて費用計上することで、妥当性の高い資産評価を維持するとともに、毎期の損益について発生主義に基づいた客観性、公正性の高いものにすることにあります。

　ただし、**費用計上するものの通常の経費と違いキャッシュアウトは発生しません。**

　尚、購入した1単位当たりの価格が10万円未満あるいは使用可能期間が1年未満の固定資産は、一括して消耗品費として費用処理ができるほか、20万円未満のものも、一括償却資産として耐用年数に関係なく3年間で定額償却が可能です。

＜③営業外費用＞

　営業外費用とは、営業外収益とは逆に本業以外の費用で経常的に発生するもので、そのほとんどは、金融機関等からの借入や社債にかかる支払利息です。

　他には、売買目的有価証券の売却損、評価損なども含まれます。

図表30　定率法と定額法の償却額と期末簿価の比較

－車（耐用年数６年）のケース－

（単位：円）

年数	期首帳簿価額	償却限度額	期末帳簿価額
1年	3,000,000	999,000	2,001,000
2年	2,001,000	666,333	1,334,667
3年	1,334,667	444,444	890,223
4年	890,223	297,334	592,889
5年	592,889	297,334	295,555
6年	295,555	295,554	1

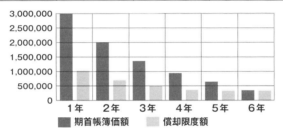

（単位：円）

年数	期首帳簿価額	償却限度額	期末帳簿価額
1年	3,000,000	501,000	2,499,000
2年	2,499,000	501,000	1,998,000
3年	1,998,000	501,000	1,497,000
4年	1,497,000	501,000	996,000
5年	996,000	501,000	495,000
6年	495,000	494,999	1

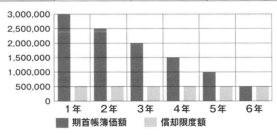

　一般的には、支払利息が大半を占めますが、そうでない場合は、その内容を確認することと、支払利息についても、利息金額が妥当な水準かを確認してください。簡易的には、下記の計算式で計算します。

【支払利息額（割引手数料含む）／（前期末の借入残高、社債残高（手形割引含む）＋当期末の借入残高、社債残高（手形割引含む））／2】

　当期の借入時期、返済時期が期初や期末に集中した場合や借入金額、返済金額が多額になった場合、異常な数字になることもありますが、現在の借入金利水準と大きく乖離している場合には、「なぜそうなのか」を確認することです。

　業績が厳しく、資金繰りがタイトな会社で、この数字が異常値の場合、金融機関から資金調達ができず、高金利のノンバンクから資金調達を行っている可能性も考えられます。

＜④特別損失＞

　特別損失とは、特別利益とは逆に臨時的な損失になります。

　固定資産の売却損・除却損、投資有価証券の売却損、在庫商品の評価損などが挙げられます。

　営業外利益・特別利益同様に、経常利益を黒字にするために、営業外損失に計上すべきものを特別損失に計上しているケースもありますので、特別損失の金額が大きい場合には、個別の内容について一過性のものかどうか確認することです。

キャッシュフロー計算書 (C/F)

　キャッシュフロー計算書は、企業の1年間の資金の流れを示したもので、3つの活動に分けて示しています。

　金融商品取引法が適用される上場企業などに作成義務がありますが、中小企業含めすべての会社に適用される会社法での作成義務の規定はありませので、ほとんどの中小企業では作成されておらず、金融機関の場合は、システムセンター等で、金融機関独自のフォーマットで作成されているものと思います。

　構成としては、①営業活動によるキャッシュフロー、②投資活動によるキャッシュフロー、③財務活動によるキャッシュフローの3つになります。

　尚、①と②を合算したものをフリーキャッシュフローと呼びます。

　それぞれの内容について、ご説明します。

(1) 営業活動によるキャッシュフロー

　営業活動によるキャッシュフローとは、主に本業の営業活動によって生じたキャッシュの増減を示したものです（図表31）。

　P/L の税引前当期純利益を起点にして、① P/L におけるキャッシュを伴わない項目の調整、② B/S におけるキャッシュの変動を伴った項目の調整を行います。

　①については、減価償却費、引当金があります。

　減価償却費は、資金の移動を伴わない費用項目ですが、P/L においては費用としてマイナスされていますので、これを修正する必要があります。

図表31　キャッシュフロー計算書の構成

項目		増加
	税引前当期純利益	＋
	減価償却費	＋
	引当金の増減額	＋
	売掛債権の増減額（△）	－
	棚卸債権の増減額（△）	－
	買掛債務の増減額	＋
	前受金の増加額	＋
	その他の流動資産の増減額（△）	－
	その他の流動負債の増減額	＋
	法人税等の支払額	－
営業活動によるキャッシュフロー		
	有形・無形固定資産の取得・売却額	－
	有価証券取得・売却額	－
	貸付金の増減額	－
	その他投資等の増減額	－
	繰延資産の増減額	－
投資活動によるキャッシュフロー		
フリーキャッシュフロー		
	借入等による収入	＋
	借入等の返済による支出（△）	－
	増資による収入	＋
	剰余金の配当（△）	－
財務活動によるキャッシュフロー		
現金および現金同等物の期首残高		
現金および現金同等物の期末残高		
現金および現金同等物の増減額		

　つまり、減価償却費を加算する必要があります。

　引当金も同様で、貸倒引当金等の引当金が増加している場合、引当金は費用としてマイナスしていますので、同じく修正する必要があります。

　②については、B/S項目になります。

　売掛債権（売掛金、手形）は実現主義に基づき売上高に計上されており、P/L には反映されていますが現金化されていません。つまり、売掛債権が増加しているということは、売上に計上されながら資金化されていない債権が増加しているわけですから、マイナスの調整が必要となります。

　棚卸資産は増加しても P/L には影響がありませんが、増加しているということは、増加分について現金から棚卸資産に振り替わっていることですので、マイナスの調整が必要になります。

　その他の資産についても P/L に影響はありませんが、増加しているということは増加分について現金から振り替わっていることになりますので、マイナスの調整が必要になります。

　逆に買掛債務（買掛金、手形）は、仕入等に関わるものですが、これが増加しているということは、商品等は入ってきており棚卸資産等に計上され、棚卸資産の増加分は上記の通りマイナスの調整がされている一方で、現金が出ていっていないことになりますから、買掛債務の増加分についてはプラスの調整が必要になります。

　前受金は、手付金などで売上にはまだ計上されていないものの、資金が先に入ってきているものであり、P/L には反映されていませんので、増加しているということは資金が増加していることになりますのでプラスの調整が必要になります。

　その他の流動負債については、すでに P/L には費用等として計上されている経費や、一時的に預かっている資金ですが、前者はまだ支払がされていないもの、後者は預り金として資金がプールされているものになりますので、増加分についてはプラスの調整が必要になります。

　最後に法人税等の支払額については、B/S の未払い法人税等でご説明した通り、P/L では当期に発生した法人税等が計上されていますが、キャッシュベースでは、前期の未払法人税と今期の予定納税額が支払われていることから、その調整が必要になります。

　つまり、当期の P/L における法人税等に B/S に計上されている未払

法人税等を加算して、今期の未払法人税等を減算する調整が必要になります（図表32）。

図表32　法人税等の調整のイメージ

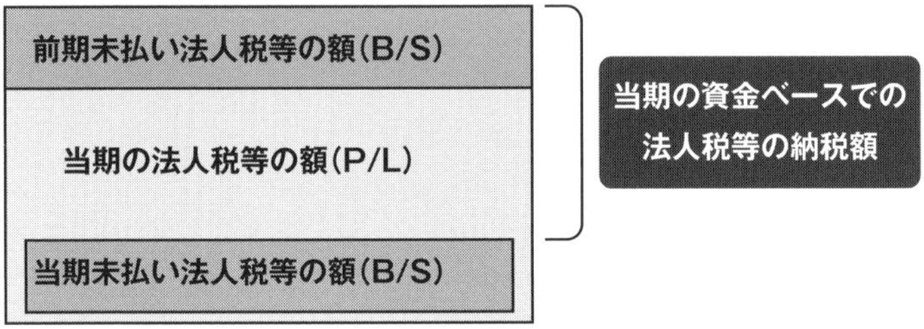

前期未払い法人税等の額（B/S）

当期の法人税等の額（P/L）

当期未払い法人税等の額（B/S）

当期の資金ベースでの
法人税等の納税額

(2) 投資活動によるキャッシュフロー

　投資活動によるキャッシュフローとは、企業の将来の利益獲得目的や資産運用を目的とした投資活動におけるキャッシュの増減を示したものになります。

　有形・無形固定資産の取得・売却ですが、不動産等の資産を購入・売却については、P/L には反映されませんので、増加した場合は現金が出ていることになりますので、マイナス調整が必要になります。減少した場合は、現金が入ってきていることになりますので、プラス調整が必要になります。但し、売却の場合は、資産計上されている額が減少するだけです。資産計上額を上回る（下回る）価格で売却された場合は、P/L に売却益（損）として計上されることになります。

　尚、減価償却資産を購入している場合には、単に B/S の増減だけで計算すると、減価償却の減少額が反映されていないことになりますので、減少分をプラスに調整する必要があります（図表33）。

　計算式としては、今期末の固定資産額 −（前期末固定資産額 − 今期の減価償却額）となります。

図表33　減価償却資産を購入している場合の調整イメージ

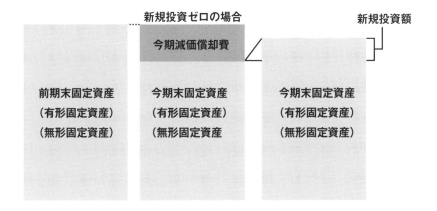

　有価証券取得・売却については、流動資産と固定資産の有価証券の増加・減少額の合計になります。有価証券の取得額が増加しているということは、現金から有価証券に振り替わっていることになりますので、マイナスの調整が必要になります。逆の場合は、プラスの調整になります。

　貸付金の増減額は、流動資産と固定資産の貸付金（短期貸付金、長期貸付金）の増加・減少額になります。貸付金が増加しているということは、現金から貸付金に振り替わっていることになりますので、マイナスの調整が必要になります。逆の場合は、プラスの調整になります。

　その他投資資産の増減額は、上記に含まれていない固定資産の投資その他の資産の増加・減少額になります。貸付金同様の調整が必要になります。

　繰延資産の増減額も、貸付金同様の調整が必要になります。

(3) 財務活動によるキャッシュフロー

　財務活動によるキャッシュフローとは、事業のための資金調達にか

かわる返済、配当金の支出など、営業活動や投資活動を維持するための財務活動におけるキャッシュの増減を示したものになります。

借入等による収入、借入等の返済による支出は、P/L には反映されていませんが、借入をすれば資金が増加、返済すれば資金が減少しますので、その増減を調整することになります。

増資による収入は、借入同様に P/L には反映されませんが、払込金が入ってきますので、増加分を調整することになります。

剰余金の配当は、配当として利益の中から株主に分配を行うことですので、配当が実施された場合、現金が出ていきますので、マイナスの調整が必要になります。

尚、剰余金の配当額については、当期の税引後純利益から利益剰余金の増加額を差し引いたものになります。前期の決算にて確定した配当額が当期に支払われていますので、その額が本来加算されるべき当期の税引後利益から減算されているわけです（図表34）。

212

図表34　前期配当金の減算イメージ

当期純利益	前期配当金額
前期末利益剰余金	当期末利益剰余金

ちなみに、(1)と(2)を加算したものが、**フリーキャッシュフロー**と呼ばれるもので、営業活動で捻出した資金から設備投資などの事業運営に必要な投資資金を差し引いた企業が自由に使えるキャッシュを意味します。

さて、ここで３つのキャッシュフローの組み合わせから、企業の状

態をお示しします。

　尚、これはあくまでも一般論でありますので、各々の企業の状況を踏まえて判断していただければと思います。また、時系列の推移を見ることで、企業のキャッシュ政策が見えてきます（図表35）。

図表35　3つのキャッシュフローの組み合わせ

戦略	営業CF	投資CF	財務CF	想定される状況
体質改善志向	＋	－	－	事業で生み出したCFを活用して投資を行いつつ、借入金を圧縮して筋肉質の財務体質を目指している。
積極経営志向	＋	－	＋	事業で生み出したCFを活用して投資を行う一方で、借入等新規調達によるキャッシュを確保し、ビジネスの拡大を図っている。
安定志向	＋	＋	－	事業でCFを確保しつつ投資回収等によるCFを積み上げる一方で、借入金等の負債を圧縮し、資産の健全化を図っている。
改革志向	＋	＋	＋	営業CFを確保しつつ投資回収等によるCFを積み上げつつ、借入金等を増大させることで手元流動性を高め、新たな事業構築の準備を行っている。
チャレンジ志向	－	－	＋	目先の収益に囚われず、積極的な投資と資金調達により新たなビジネス創造にチャレンジしている。
リストラ志向	－	＋	－	事業が厳しい中で、資産の回収によりキャッシュを確保し、借入金等の返済を行っている。
迷走状況	－	－	－	事業が厳しい中で、投資を行いつつ事業回復を図ろうとするものの、借入金等の返済を余儀なくされ、キャッシュ状況が悪化している。

4 貸借対照表(B/S)、損益計算書(P/L)から キャッシュフロー計算書(C/F)を作成する

　前章においてお話しした通り、ほとんどの中小企業の決算書は B/S と P/L だけが掲載されており、C/F については、データセンター等で B/S、P/L から独自のフォーマットに自動的に落とし込まれて作成されていると思います。

　そのため、金融機関の担当者の多くが、C/F の作られ方やそれぞれの項目が表す意味を十分理解しないまま財務分析を行っているように思われます。

　しかし、自身で作成することで、企業の実態をより深く理解できるようになり、企業に対して、キャッシュ戦略に対する的確なアドバイスを行うための感性を高めることができるのです。

　そこで、ここではみなさんに前章で学んでいただいたことを踏まえて、C/F 計算書の作成にチャレンジしていただきたいと思います。

　図表 36 の P/L、B/S から今期の C/F を作成してみてください。

図表36　具体例

＜損益計算書（P/L）＞

（単位:千円）

	今期
売上高	300,000
売上原価	180,000
うち減価償却費	20,000
売上総利益	120,000
販売費及び一般管理費	100,000
うち減価償却費	40,000
営業利益	20,000
営業外収益	1,000
受取利息	500
受取配当金	250
雑収入	250
営業外費用	3,000
支払利息	2,000
雑損失	1,000
経常利益	18,000
特別利益	0
特別損失	5,000
税引前当期純利益	13,000
法人税、住民税及び事業税	5,200
当期純利益	7,800

＜貸借対照表（B/S）＞

（単位:千円）　　　　　　　　　　　　　　　　　　（単位:千円）

	前期	今期		前期	今期
流動資産	110,200	117,000	流動負債	136,000	142,000
現預金	25,000	28,000	買掛債務	25,000	30,000
売掛債権	30,000	40,000	短期借入金	50,000	50,000
有価証券	8,000	10,000	1年以内長期借入金	50,000	50,000
棚卸資産	40,000	30,000	未払法人税等	3,000	2,000
その他の流動資産	8,000	10,000	その他の流動負債	8,000	10,000
貸倒引当金	-800	-1,000			
固定資産	440,000	405,000	固定負債	340,000	300,000
建物・構築物	220,000	200,000	長期借入金	300,000	250,000
機械装置	60,000	50,000	退職給付引当金	40,000	50,000
車両運搬具	35,000	30,000			
土地	100,000	100,000	株主資本	74,200	80,000
無形固定資産	10,000	10,000	資本金	30,000	30,000
投資有価証券	10,000	10,000	資本剰余金	20,000	20,000
その他の資産	5,000	5,000	利益剰余金	24,200	30,000
資産計	550,200	522,000	資産計	550,200	522,000

＜キャッシュフロー計算書(C/F)＞

(単位:千円)

	今期
税引前当期純利益	
減価償却費	
貸倒引当金の増加額	
退職給付引当金の増加額	
売掛債権の増加額（△）	
棚卸債権の増加額（△）	
買掛債務の増加額	
その他流動資産の増加額（△）	
その他流動負債の増加額	
法人税等の支払額	
営業活動によるキャッシュフロー	
有形固定資産の取得による支出	
有価証券取得による支出	
投資活動によるキャッシュフロー	
フリーキャッシュフロー	
短期借入による収入	
長期借入による収入	
配当の支払い	
財務活動によるキャッシュフロー	
現金および現金同等物の期首残高	
現金および現金同等物の期末残高	
現金および現金同等物の増減額	

　いかがでしょうか。正解は、下記の通りです。どこが間違っていたか、またどこが理解できていなかったのか、ご自身で確認してみてください（図表 37-1、37-2）。

図表37-1　キャッシュフロー計算書（C/F）

(単位:千円)

		今期
	税引前当期純利益	13,000
	減価償却費	60,000
	貸倒引当金の増加額	200
	退職給付引当金の増加額	10,000
	売掛債権の増加額（△）	−10,000
	棚卸債権の増加額（△）	10,000
	買掛債務の増加額	5,000
	その他流動資産の増加額（△）	−2,000
	その他流動負債の増加額	2,000
	法人税等の支払額	−6,200
営業活動によるキャッシュフロー		**82,000**
	有形固定資産の取得による支出	−25,000
	有価証券取得による支出	−2,000
投資活動によるキャッシュフロー		**−27,000**
フリーキャッシュフロー		**55,000**
	短期借入による収入	0
	長期借入による収入	−50,000
	配当の支払い	−2,000
財務活動によるキャッシュフロー		**−52,000**
現金および現金同等物の期首残高		**25,000**
現金および現金同等物の期末残高		**28,000**
現金および現金同等物の増減額		**3,000**

それでは、詳しく説明していきたいと思います。

＜P/L から C/F への転記＞

①税引前当期純利益が原点になります。なぜかというと、前章でお伝えした通り、法人税等について、支払時期がずれるために調整が必要になるからです。

②減価償却費については、P/L では経費認識されますが、資金の減少は生じていませんので、それを戻さなければならないからです。

③税金は、図表26 でお示しした通り、前期の未払法人税等（B/S）と今期の予定納税分が資金として出ていくことから、前期の未払法人税等（B/S）＋当期法人税等（P/L）－今期の未払法人税等（B/S）になります。

（3,000＋5,200－2,000＝6,200）

＜B/S から C/F への転記＞

④売掛債権の増加額について、売掛債権は P/L の売上には計上されていますが、現金としてはまだ入金がされていません。前期と比較して、今期は 10,000 の売掛債権が増加しているということは、その分の現金が入ってきていないことになりますので、C/F では 10,000 をマイナスさせます。

棚卸資産の増加額について、棚卸資産の増減は P/L には影響がありませんが、10,000 減少しているということは、それだけ現金に振り替わっているということになりますので、C/F では 10,000 をプラスさせます。

その他流動資産の増加額について、この増減は P/L には影響がありませんが、2,000 増加しているということは、それだけ現金から振り替わっているということになりますので、C/F では 2,000 マイナスさせます。

⑤貸倒引当金は、P/L では経費として処理されていますが、現金が動いているわけではありませんので、ここでは 200 が経費処理されてマイナスが増加していることから、その分を戻すために 200 をプラスさせます。

図表37- 2

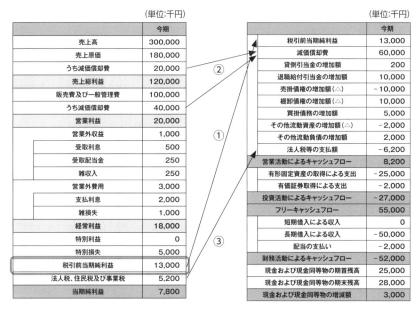

（単位:千円）

	今期
売上高	300,000
売上原価	180,000
うち減価償却費	20,000
売上総利益	120,000
販売費及び一般管理費	100,000
うち減価償却費	40,000
営業利益	20,000
営業外収益	1,000
受取利息	500
受取配当金	250
雑収入	250
営業外費用	3,000
支払利息	2,000
雑損失	1,000
経常利益	18,000
特別利益	0
特別損失	5,000
税引前当期純利益	13,000
法人税、住民税及び事業税	5,200
当期純利益	7,800

② ① ③

（単位:千円）

	今期
税引前当期純利益	13,000
減価償却費	60,000
貸倒引当金の増加額	200
退職給付引当金の増加額	10,000
売上債権の増加額（△）	− 10,000
棚卸債権の増加額（△）	10,000
買掛債務の増加額	5,000
その他流動資産の増加額（△）	− 2,000
その他流動負債の増加額	2,000
法人税等の支払額	− 6,200
営業活動によるキャッシュフロー	8,200
有形固定資産の取得による支出	− 25,000
有価証券取得による支出	− 2,000
投資活動によるキャッシュフロー	− 27,000
フリーキャッシュフロー	55,000
短期借入による収入	0
長期借入による収入	− 50,000
配当の支払い	− 2,000
財務活動によるキャッシュフロー	− 52,000
現金および現金同等物の期首残高	25,000
現金および現金同等物の期末残高	28,000
現金および現金同等物の増減額	3,000

（単位:千円）

	前期	今期
流動資産	110,200	117,000
現預金	25,000	28,000
売掛債権	30,000	40,000
有価証券	8,000	10,000
棚卸資産	40,000	30,000
その他の流動資産	8,000	10,000
貸倒引当金	-800	-1,000
固定資産	440,000	405,000
建物・構築物	220,000	200,000
機械装置	60,000	50,000
車両運搬具	35,000	30,000
土地	100,000	100,000
無形固定資産	10,000	10,000
投資有価証券	10,000	10,000
その他の資産	5,000	5,000
資産計	550,200	522,000

④ ⑤ ⑥ ⑦

（単位:千円）

	今期
税引前当期純利益	13,000
減価償却費	60,000
貸倒引当金の増加額	200
退職給付引当金の増加額	10,000
売上債権の増加額（△）	− 10,000
棚卸債権の増加額（△）	10,000
買掛債務の増加額	5,000
その他流動資産の増加額（△）	− 2,000
その他流動負債の増加額	2,000
法人税等の支払額	− 6,200
営業活動によるキャッシュフロー	82,000
有形固定資産の取得による支出	− 25,000
有価証券取得による支出	− 2,000
投資活動によるキャッシュフロー	− 27,000
フリーキャッシュフロー	55,000
短期借入による収入	0
長期借入による収入	− 50,000
配当の支払い	− 2,000
財務活動によるキャッシュフロー	− 52,000
現金および現金同等物の期首残高	25,000
現金および現金同等物の期末残高	28,000
現金および現金同等物の増減額	3,000

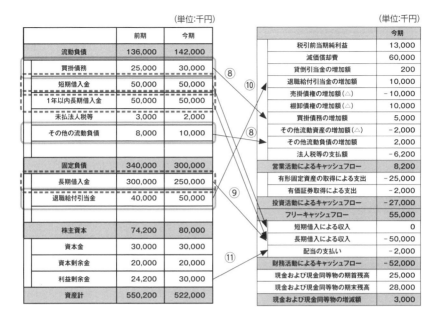

（単位:千円）

	前期	今期
流動負債	136,000	142,000
買掛債務	25,000	30,000
短期借入金	50,000	50,000
1年以内長期借入金	50,000	50,000
未払法人税等	3,000	2,000
その他の流動負債	8,000	10,000
固定負債	340,000	300,000
長期借入金	300,000	250,000
退職給付引当金	40,000	50,000
株主資本	74,200	80,000
資本金	30,000	30,000
資本剰余金	20,000	20,000
利益剰余金	24,200	30,000
資産計	550,200	522,000

（単位:千円）

	今期
税引前当期純利益	13,000
減価償却費	60,000
貸倒引当金の増加額	200
退職給付引当金の増加額	10,000
売掛債権の増加額（△）	-10,000
棚卸債権の増加額（△）	10,000
買掛債務の増加額	5,000
その他流動資産の増加額（△）	-2,000
その他流動負債の増加額	2,000
法人税等の支払額	-6,200
営業活動によるキャッシュフロー	8,200
有形固定資産の取得による支出	-25,000
有価証券取得による支出	-2,000
投資活動によるキャッシュフロー	-27,000
フリーキャッシュフロー	55,000
短期借入による収入	0
長期借入による収入	-50,000
配当の支払い	-2,000
財務活動によるキャッシュフロー	-52,000
現金および現金同等物の期首残高	25,000
現金および現金同等物の期末残高	28,000
現金および現金同等物の増減額	3,000

⑥有形・無形固定資産の取得による支出は、減価償却を加味して比較する必要があります。前期の有形・無形固定資産額は425,000、今期は390,000ですが、前期の額は減価償却前の金額になりますので、前期の金額から今期の減価償却額を減算して比較しなければなりません。前期の減算後の金額は（425,000-60,000）365,000になりますから、今期の固定資産の増加額は、（390,000-365,000）25,000です。これは、現金から有形固定資産に振り替わっていることになりますので、有形固定資産の取得による支出は-25,000となります。（図表33参照）

⑦有価証券の取得による支出は、短期有価証券と投資有価証券になりますが、前期の合計が18,000で今期は20,000ですので2,000増加しています。有価証券の増減はP/Lには影響しませんので調整が必要になります。増加しているということは、現金から有価証券に入れ替わっているということになりますので、マイナス計上することになります。

⑧買掛債務の増加額は、仕入は棚卸資産に計上され、棚卸資産の増加分はキャッシュフローから減算されているものの、買掛債務の増加

分は支払が猶予されているものであることから、その分について調整
を行う必要があります。

　この場合、前期より 5,000 増加していることから、この分をプラス
計上することになります。

　その他流動資負債の増加額について、この増減は P/L には影響があ
りませんが、2,000 増加しているということは、それだけ支払が猶予さ
れているものが増加しているということになりますので、プラス計上
することになります。

　⑨借入金の増減は P/L には影響ありませんが、長期借入金が 50,000
減少しているということは、返済のために現金が減少していることに
なります。ついては、その分をマイナス計上する必要があります。

　⑩退職給付引当金は、将来の負債として認識するために計上されて
いるもので、P/L では経費として処理されているものの現金が動いて
いるわけではありませんので、増加した 10,000 を戻すためにここでは
10,000 をプラスさせます。

　⑪当期の最終利益は 7,800 ですが、利益剰余金の増加額は（30,000-
24,200）5,800 です。ということは、その差額 2,000 は配当として外部流
出したことになりますので、配当の支払いとしてマイナス計上するこ
とになります。

　当社の財務3表を拝見すると、P/L では利益を計上しているものの、
特別損失で5百万円を計上しています。土地の金額が変わっていない
ことからすると、償却資産を一部売却して損失を計上するとともに、
新たな資産を購入している可能性が考えられます。

　B/S では、借入金を減らすことで 28.2 百万円の資産圧縮を図ってい
ます。

　C/F では、営業活動によるキャッシュフローをしっかり確保したう
えで、その範囲内で事業用資産を購入して事業力を高めるとともに借
入金の返済に充当して、最終的にキャッシュを3百万円増加させてい
るなど、非常に健全な経営をしていると判断することができます。

▶▶▶ **第6章**

決算書の
読み解き方

第5章において、財務3表の各勘定科目について理解を深めていただきました。

この章では、決算書の読み解き方についてご説明したいと思います。

分析指標について

まず、財務3表の分析指標についてご説明したいと思いますが、実務において重要と考えられる指標に限定してご説明したいと思います。

こちらが、重要な指標の一覧になります。(別表38)

網掛けしている項目が中でも重要な指標になります。

別表38　財務3表の主な分析指標

分類	名称	計算式	良好度	説明
総合	総資本利益率(%)	経常利益(または当期純利益)÷総資本	高	ROA(rate of return on total assets) 利益を上げるにあたりどれだけ総資本を効率的に使ったかを表す指標
収益性採算性	売上高総利益率(%)	総利益÷売上高	高	商売でどれだけの付加価値を稼いだかを表す指標
	売上高営業利益率(%)	営業利益÷売上高	高	事業活動でどれだけ稼いだかを表す指標
	売上高経常利益率(%)	経常利益÷売上高	高	経常的事業活動でどれだけ稼いだかを表す指標
	売上高損益分岐点倍率(倍)	売上高÷損益分岐点売上高	高	売上高が減少した際の耐久力を表す指標(損益分岐点売上高:固定費÷(1-変動費))
	借入金平均金利(%)	支払利息÷((期初借入高+期末借入高)÷2)	低	資金調達におけるコストを表す指標

効率性	総資本回転率（回）	売上高÷総資本	高	売上を上げるために資本をいかに効率的に使っているかを表す指標
	棚卸資産回転期間（月）①	棚卸資産÷月商	低	在庫（未成工事支出金）をいかに効率的に循環させているかを表す指標
	売掛債権回転期間（月）②	売掛債権÷月商	低	売掛債権（完成工事未収入金）をいかに効率的に循環させているかを表す指標
	買掛債務回転期間（月）③	買掛債務÷月商	高	買掛債務（工事未払金）をいかに効率的に循環させているかを表す指標
	収支ズレ（月）	①＋②－③	低	経常事業において資金繰りにどの程度影響を与えているかを表す指標
生産性	従業員一人当たり売上高（円）	売上高÷従業員数	高	従業員一人当たりの売上額を表す指標
	従業員一人当たり総利益（円）	総利益÷従業員	高	従業員一人当たりの付加価値額を表す指標
	従業員一人当たり営業利益（円）	営業利益÷従業員数	高	従業員一人当たりの営業活動にかかる利益額を表す指標
	従業員一人当たり人件費（円）	人件費（労務費含む）÷従業員数	高	従業員一人当たりのコストを表す指標
	労働装備率（円）	有形固定資産÷従業員数	高	従業員一人当たりの設備投資額で金額が高いほど機械化が進んでいることを表す指標
安全性安定性	自己資本比率（％）	株主資本÷総資本	高	財務状態の健全性を表す指標
	流動比率（％）	流動資産÷流動負債	高	短期的な返済能力を表す指標
	現預金比率（月）	現預金÷月商	高	手元資金量としての健全性を表す指標
	固定比率（％）	固定資産÷株主資本	低	バランスのとれた長期投資を行っているかを表す指標
	有利子負債依存率（％）	有利子負債÷総資本	低	どの程度の借入金割合により資金調達を行っているかを表す指標
	キャッシュフローマージン（％）	営業キャッシュフロー÷売上高	高	営業活動によりどの程度のキャッシュを創出しているかを表す指標

225

＜①総合的指標＞

・総資本利益率：（重要度：高）

　ROAと呼ばれる指標。企業に投下された全資産をいかに効果的に利益に繋げているかを表す指標であり、高いことが望ましい。

＜②収益性・採算性指標＞

・売上高総利益率：（重要度：高）

　売上をあげるための原価を差し引いた総利益の売上高割合を示す指標。つまり商売でどれだけの付加価値（厳密な定義の付加価値とは相違）を稼いだかということになります。

　ただし、**業種によって大きく異なることから事業の性質を踏まえて判断すること**が必要です。

・売上高営業利益率：（重要度：高）

　総利益から事業における活動経費を差し引いた本業における利益の売上高割合を示す指標。総利益率が高くても販売費及び一般管理費が適正にコントロールされていなければ低い数値となります。

・売上高経常利益率（重要度：中）

　営業利益に経常的な本業以外の損益を加算した経常的な事業利益の売上高割合を示す指標。投資利益が大きく借入依存度が低ければ営業利益率を上回ることになりますが、借入依存度が高く支払利息負担が大きい場合、営業利益率を大きく下回ることになります。

・売上高損益分岐点倍率：（重要度：高）

　これは、売上高が損益分岐点売上高に対して何倍になっているかという数字で売上減少に対する耐久性を見る指標になります。

　損益分岐点とは、損益がバランスする点のことで、その点の売上高のことを損益分岐点売上高と言います。損益分岐点は図表39の売上高＝固定費＋変動費となる点になります。

　簡易的には、原価から固定費である労務費、減価償却費を差し引いた額を変動費、販売費及び一般管理費に労務費、減価償却費を加算し

たものを固定費とみれば差支えありません。

図表39　損益分岐点の考え方

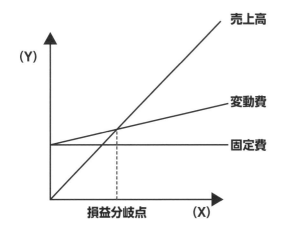

　但し、販売費及び一般管理費の販売手数料、販売促進費、荷造運賃など売上高に連動する費用の金額が大きい場合には、変動費として計算してください。

　計算式としては、変動費率を a 、固定費を b 、損益分岐点売上高を Y とすると、

　Y=aY+b となります。

　これを整理すると、**Y=b／(1-a)**となり、

「損益分岐点売上高＝固定費／(1-変動費率)」ということになります。

　ちなみに**(1-変動費率)は限界利益率**と呼ばれるものです。

　たとえば、図表40の P/L の場合、営業利益の損益分岐点売上高はいくらになるでしょうか。また、経常利益の損益分岐点売上高はいくらになるでしょうか。

図表40　損益計算書（P/L）

（単位:百万円）

売上高	1,000
売上原価	500
うち　労務費	100
うち　減価償却費	50
売上総利益	500
販売費及び一般管理費	400
営業利益	100
（※1）営業外利益	20
（※2）営業外費用	30
経常利益	90

（※1）安定的な不動産賃貸収入
（※2）金融機関への支払利息（大きく変動しない前提）

営業利益の損益分岐点売上高：

変動費＝500-100（労務費）-50（減価償却費）＝350

変動費率＝350/1,000＝35%

固定費＝100（労務費）+50（減価償却費）+400（販売費及び一般管理費）
　　　＝550

損益分岐点売上高＝550/（1-35%）＝846

売上高損益分岐点倍率＝1,000/846＝1.18倍

経常利益の損益分岐点売上高：

変動費＝500-100（労務費）-50（減価償却費）＝350

変動費率＝350/1,000＝35%

固定費＝100（労務費）+50（減価償却費）+400（販売費及び一般管理費）
　　　+30（営業外費用）-20（営業外利益）＝560

損益分岐点売上高＝560/（1-35%）＝861

売上高損益分岐点倍率＝1,000/861＝1.16倍

となります。

では図表41の赤字会社の場合、どうすれば赤字を解消できるでしょうか。

図表41　赤字会社の場合
（単位:百万円）

売上高	1,000
売上原価	700
うち　労務費	200
うち　減価償却費	100
売上総利益	300
販売費及び一般管理費	400
営業利益	-100
営業外利益	0
営業外費用	20
経常利益	-120

Ⓐ**売上高を増やす**（変動費率と固定費が変わらない場合）

変動費＝700-200（労務費）-100（減価償却費）＝400

変動費率＝40%

固定費＝200（労務費）＋100（減価償却費）＋400（販売費及び一般管理費）
　　　＝700

$700/(1-0.4)=1,166$　となり、166の売上を増やすことが必要になります。

Ⓑ**原材料費等の変動費を引き下げる**

$700/(1-x)=1,000$ となる x を求めることになります。

$(1-x)=700/1,000=70\%$ となり、x は30%となります。

つまり、現状の変動費率40%を30%に引き下げることが必要になります。

Ⓒ**固定費を削減する**

$x/(1-0.4)=1,000$ となる x を求めることになります。

$x=1,000\times0.6$ ですので600となり、現状の700から100削減することが必要になります。

　このように、企業分析をする際に、損益分岐点分析の考え方を理解していれば、決算書から増益するため（あるいは赤字を解消するため）には、何をいくら増減させなければならないのか数字で把握できます。

　また、その数字を踏まえて具体的に何をすればいいのか検討することになります。

　また、①の場合、単純には売上高＝売上単価×販売個数になりますから、売上を166増やすためには、売上単価を上げるのか、販売個数を増やすのかなど、数字を分解することで、より具体的な施策に繋げていくことができます。

・借入金平均金利（重要度：高）

　1年間の借入金の平均金利を計算して、借入水準を確認するための指標になります。支払利息（割引料含む）に対して、前期末と今期末の借入金、社債などの借入負債残高の平均値で割ることでおおよその数字がわかります。

　平均的な資金調達金利水準と変わらなければ問題はありませんが、もしこの水準が異常に高い場合は、高利の借入を行っている可能性が考えられます。

＜③効率性指標＞

・総資本回転率（重要度：中）

　売上高が総資本の何倍かを示したもので、売上をあげるためにいかに総資本を効率的に使っているかを表します。

　資産をあまり保有しない卸売業は比較的高い数字である一方で、装置産業の場合は比較的低い数字になる傾向があります。

・棚卸資産回転期間、売掛債権回転期間、買掛債務回転期間、収支ズレ（重要度：高）

　棚卸資産、売掛債権、買掛債務のそれぞれの回転期間で、いかに効率的に循環させているかを表す指標です。5章の財務分析の基本で詳しくは説明していますので、そちらを参考にしてください。

　収支ズレは、棚卸資産回転期間と売掛債権回転期間の合計から買掛債務回転期間を引いたものになります。

　一連の営業活動は、物を仕入れ（買掛債務の発生）、在庫としての期間があり（棚卸資産の発生）、その後それが販売され（売掛債権の発生）、その後現金として戻ってくるというサイクルになります。

　このビジネスモデルが継続する場合、棚卸資産と売掛債権の期間に対して、買掛債務の期間が短ければ、その期間差（買掛債務の支払時期と売掛債権の現金回収時期の差）において経常的に資金不足が発生することなり、手元に現金がなければ資金ショートを起こすことになります。このための必要資金が運転資金になります。

　たとえば、図表42の場合ですと、棚卸資産回転期間が1カ月、売掛債権回転期間が2カ月、買掛債務回転期間が1.5カ月ですので、収支ズレは1.5カ月となり、月商が1億円であれば、1.5億円の運転資金が必要になるということです。

231

図表42　収支ズレのイメージ

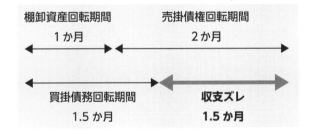

・従業員一人当たり売上高（重要度：中）

　従業員一人当たりの年間売上高であり、労働効率を表した指標になります。

　ただし、原価のかからないサービスを提供している企業と、物を仕入れて販売している企業ではその金額は大きく変わってきますし、製造業においても製品販売収入なのか、加工収入なのか、手数料収入な

のかで大きく変わってきますので、ひとつの生産性を表す指標として見ていただければと思います。

・従業員一人当たり総利益（重要度：大）

従業員一人当たりでどの程度の付加価値を生み出したのかを表した指標になります。製造業など原価に労務費が含まれている場合は、それを総利益に含めることで、純粋に製造によって生み出された従業員一人当たりの付加価値を見ることができます。

・従業員一人当たり営業利益（重要度：大）

従業員一人当たりで事業活動による利益をどの程度生み出したのかを表した指標になります。この数字が大きければ、人員の増員や従業員の処遇引き上げなど人件費負担能力が高いことを示していることになります。

・従業員一人当たり人件費（重要度：大）

人件費に役員報酬やアルバイトやパートに支給する給与が含まれている場合には、できればこれらを差し引いて計算することが望ましいですが、この水準を見ることでどの程度で従業員が処遇されているのかを窺うことができます。

従業員の平均年齢、臨時雇用の比率によって差がでますが、もし一般的な水準からみて異常値である場合は、従業員の年齢に偏りがあるのか、臨時雇用の比率が高い（低い）のか、そもそも給与水準が高い（低い）のかなど確認をする必要があります。

・労働装備率（重要度：大）

労働装備率は、従業員一人当たりの有形固定資産の金額になります。

この数字が高い場合、一般的には機械化が進んでいると判断できます。

ただし、有形固定資産の中身にもよりますので、個人的には土地や事業に供していない資産を除いて算出するべきではないかと思っています。

また、従業員一人当たり総利益などの従業員一人当たりの付加価値

を測る指標と併せてみることで、有形固定資産への投資が効率化に繋がっているのかを判断するべきかと思います。

＜④安全性・安定性指標＞
・自己資本比率（重要度：大）

資本金や過去の利益の蓄積である利益剰余金など、返済義務のない資本で全体の資本をどの程度カバーできているのかを示した指標です。

自己資本比率が高ければ、借入金等の返済負担が低く、経営が安定していることを意味するほか、突発的な経営環境や金融環境の悪化があったとしても経営維持力、経営回復力は高くなります。ただし、自己資本比率が高いだけで、事業リスクを全くとらずに、資産のほとんどが現預金として眠っている状況であると、将来的に事業収益力が低下する可能性があることから、収益力とのバランスが図られているかどうかを見極めることが重要です。

・流動比率（重要度：高）

流動負債に対する流動資産の比率になります。

短期負債を短期資産でどの程度カバーできているかどうかになりますので、安全性を考えると 150% 程度あることが望ましいとされています。

これが 100% を下回っている場合、100% を下回る部分は、1 年以内に支払期限が到来する債務で固定資産を運用していることになりますので健全とは言えませんが、収益力が高く長期的な信頼関係のもとで短期借入金が継続されており借入金以外の流動負債の支払いに支障がないと判断される場合や流動資産や一部固定資産の換金性の高さが担保されているのであれば問題はないものと考えられます。

・現預金比率（重要度：高）

現預金は最も確実性の高い支払原資であり、業種にもよりますが少なくとも月商の 2 か月程度の現預金を保有していることが望ましいと

考えられます。

　特に月中、期中において資金状況が大きく変動する企業であれば、最も資金がタイトになる状態に合わせて現預金を確保しておくべきです。

　ただし、自己資本比率のところでも申し上げました通り、多ければ良いということではなく、事業投資に消極的であり魅力のない会社と判断されるほか、企業買収の絶好のターゲットになってしまう可能性もあります。

・固定比率（重要度：中）

　固定資産を自己資本でどの程度カバーしているかを表した指標です。

　基本的には、100%以下が望ましいですが、未上場の中小企業の場合はそもそも自己資本が薄いため、長期借入金など固定負債を含めた固定長期適合率で100%以下になっていれば問題ないと考えられます。

　ただし、固定資産の性格がどういったものかによっては留意が必要です。

　事業用資産として購入した建物などが収益性が低くキャッシュを生まなかったり、固定化してしまった投資有価証券などである場合、固定負債の長期借入金の返済期間や返済ピッチでは借入金の返済が間に合わないということも考えられます。

　単純な比率だけで判断するのではなく、その実態をしっかりと見極めることが肝心です。

・有利子負債依存率（重要度：大）

　総資本に占める借入金の割合を表した指標です。一般的には50%以下が望ましく、70%を超えると危険な状態であると言われています。

　70%を超えると、借入金の返済によるキャッシュフローの悪化や金利の支払負担が大きくなることが要因ですが、収益力との比較において、有利子負債から運転資金を差し引いた金額が年間のキャッシュフロー（簡易的には当期純利益＋減価償却費）の10倍以下であれば金

融機関からの継続借入も期待できることから、問題ないものを判断されます。また、オーナー企業の場合は、個人資産を多額に有しているケースもあることから、いざというときの資金補填も期待できますので、総合的に勘案して判断する必要があります。

・キャッシュフローマージン（重要度：高）

キャッシュフローマージンとは、売上高からどれだけの営業活動によるキャッシュ（現金）が生み出されたかを表す指標です。

一般的には 15% 以上が望ましいとされています。企業は赤字でもキャッシュがあれば倒産はしませんから、売上高利益率よりもこちらの方が重要であると考えられます。

ただし、1 期分で判断するのではなく、少なくとも 3 ～ 5 期分の積算ベースでどうかを見ることです。

もし、この数字が継続的に赤字であるとすると、たとえ利益を計上していたとしても営業ベースでは全くキャッシュを生んでいないことになり、非常に危険な状態です。

多くは、売掛債権や棚卸資産が増加したことが要因と考えられますが、その場合はなぜこれらが増加しているのか、その意図あるいは理由を確認しなければなりません。

財務分析の視点

(1) 単年度決算数値による分析

　まずは、単年度の決算数値において、異常な数値がないか確認します。

　P/L では、特に役員報酬、交際費、販売手数料、代理店手数料、委託手数料などが、過大でないかどうかがポイントです。オーナー企業の場合、多額の役員報酬や交際費を計上しているケースがありますが、企業としての利益を抑えた税金対策の場合もあります（交際費は先述のとおり、中小企業の場合 8 百万円までは損金算入）。なお、これらは業績が厳しくなった場合のバッファーとして捉えることができますので、税引前当期純利益が収支トントンであったとしても、これらを調整することで利益を維持することは可能になります。

　一方で、これらをほとんど計上していないにもかかわらず、利益水準が低い場合は、抜本的な収益構造の見直しを協議していく必要があることになります。

　また、営業外収益（費用）、特別利益（損失）が過大に計上されている場合には、その内容も確認してください。特に特別利益（損失）については、一時的なものになりますので、「なぜ計上したのか」理由を明確にすることです。

　また、法人税、住民税及び事業税に記載されている金額は、一般的には法定実効税率が 30% 程度であることから、税引前当期純利益にこの割合を掛けた数字になるはずですが、この金額が異常に大きい場合は、経費のうちで損金として認められなかったものがあることになりますので、「どうして差額が発生したのか」理由を確認してください。

　また、逆の場合は、繰越欠損金など損金算入されたものがあるか、収益計上されたものの中で益金不算入となっているものが多額にあることになります。

　B/S では、売掛債権、棚卸資産や経費項目である前払費用、仮払金が大きく膨らんでいないか。現預金は売上高に対して適正な水準にあるのかについては必ず確認することです。

　C/F では、少なくとも営業キャッシュフローが黒字になっているか、簡易キャッシュフロー（当期純利益＋減価償却費）の数字と大きな差異がないか、差異が発生している場合、何が原因かを確認してください。

　次に、先に示した分析指標を確認することです。

　売上高総利益率、売上高営業利益率などの利益率、棚卸資産等の回転期間と収支ズレの水準、従業員一人当たりの総利益、営業利益、人件費の水準、現預金水準、営業キャッシュフローなどが妥当な水準かどうかを確認してください。特に第5章の売掛債権の説明でもお伝えしましたが、決済条件に合致した残高水準かどうか確認することで、売上の水増しや決済が遅延している債権の可能性を探ることに繋がります。

(2) 時系列決算数値による分析

　単体決算だけでは、財務状況の変化に気づくことができませんので、できる限り長期間のトレンドからどのような変化が生じているかを確認することが重要です。

　少なくとも3年、できれば5年以上が望ましいと思います。

　P/L、B/S、C/F の各項目、分析指標がどのように推移しているかですが、それぞれの数字に大きな変動がないかどうかを確認するとともに、大きな変化が見られている場合は、その理由を明確にすることです。

　⑴でも申し上げました売掛債権については、明細を時系列でみることで滞留債権の可能性を捉えるきっかけにもなります。確定申告書の勘定科目内訳書から個別明細を確認して、前期と同額の債権が計上さ

237

れている場合は、それを疑う必要があります。ほかにも、仮払金、未収入金、貸付金についても明細を確認して滞留していないかどうかを確認してください。

　また、これ以外の指標としては、売上高、各利益の伸び率（複利ベース：エクセルのIRR関数を使えば計算できます）をできれば5年程度で計算して、中長期的なトレンドを見極めることも必要です。

　たとえば、前期に対して売上高、利益ともに増収増益であったとしても、5年間で見た場合、ほとんど変わっていないとすれば、成長性という点から課題があると言えます。また、5年間程度の売上高、利益の平均、利益やキャッシュフローについて累積額を計算して、この期間でどの程度の利益や現金の蓄積ができているのかも確認してみてください。

　さらに、売上高に関しては、できる限り売上商品別、販売先別、販売エリア別などの売上総利益、売上総利益率を確認したうえで、それぞれに大きな変動がないかどうか、変動があった場合にはその理由、今後の見通しについても確認してください。

　細分化したデータにより、その原因が明確化するほか、それに対する課題も見えてきます。

　図表43を見てください。このスーパーの3期分の商品構成別の売上高、売上総利益、売上総利益率になります。

　売上高は、2期連続で増収となっていますが、売上総利益について今期は減益、前々期比で微増にとどまっており、売上総利益率は

図表43　3期分の商品構成別の売上高、売上総利益、売上総利益率
（単位：百万円）

	前々期			前期			今期		
	売上高	総利益率	総利益	売上高	総利益率	総利益	売上高	総利益率	総利益
生鮮食品	600	25%	150	660	20%	132	690	19%	131
日配品	400	22%	88	440	22%	97	460	20%	92
総菜	200	35%	70	200	40%	80	150	40%	60
一般食品	600	18%	108	660	19%	125	690	19%	131
非食品	200	20%	40	240	20%	48	230	20%	46
計	2,000	23%	456	2,200	22%	482	2,220	21%	460

23% ⇒ 22% ⇒ 21% と減少傾向です。

これだけでは、なぜ増収減益になっているのかはわかりませんが、商品構成別にみてみると、その原因が見えてきます。

特に、生鮮食品の売上総利益率が低下傾向にあることで、売上高は拡大しているものの、売上総利益は減少傾向にあるほか、総菜の売上総利益率は高くなっているものの、売上高が大きく落ち込んできていることが原因であることがわかります。

仮説として、生鮮食品や日配品の利益率の低下を補うために利益率の高い総菜の価格を上げてそれをカバーしようとしたものの、総菜の売行きが落ち込んだことで全体の総利益が減益に転じたのではないかと考えられます。

生鮮食品も日配品も売上は順調に伸びていることから、商品に問題があるのではなく、いずれも適正な商品在庫管理ができずに廃棄処分が増えたために利益率が低下、それを補うために利益率の高い総菜の値上げをしたものの、逆に客離れを引き起こしてしまったのではないかと推測されます。

もし、この仮説が正しければ、当社としては賞味期限の短い生鮮食品、日配品の在庫管理体制の再構築を行うとともに、利益率の高い総菜の価格を抑えて販売強化を図ることが喫緊の課題であると考えられます。

特に業績が伸び悩んでいる状況の場合、売上構成への分解とそれぞれの利益率を解明して、どこに原因があるのか追究することで、金融機関として的確なアドバイスに繋げていくことができるのです。

(3) 同業他社比較（業界平均数値比較）による分析

時系列分析をすることで、当社としての状況の変化は捉えることができますが、そもそも当社に根本的な問題があるとすれば、自社分析では解明することが難しくなります。

そこで、同業他社との比較や業界平均値との比較がより重要になっ

239

てきます。

　中小企業庁が発表している「中小企業の経営指標」、日本政策金融公庫が発表している「小企業の経営指標調査」、帝国データバンクの「全国企業財務諸表分析統計」など、業種別、規模別等の財務指標の統計データは入手できます（おそらく金融機関では独自のデータをお持ちだと思います）が、あくまでも業種平均ですので、非常に大括りのデータであり、取り扱い製品・商品の違い、規模の違い、事業構成の違いなどによって全く参考にならないケースもありますので、統計データの性質を見極めたうえで、活用することをお勧めします。

　そういう意味では、自行庫で取引のある同業態の企業財務データと比較するほうが、課題を炙り出すうえで効果的かと思います。

　図表44をご覧ください。あるスーパーの2期分の財務3表、分析指標、その他のデータになります（A社）。

図表44　あるスーパー（A社）の2期分の財務関係指標
＜損益計算書＞

(単位:百万円)

	前期		当期	
		比率		比率
売上高	248,571		249,132	
原価	178,642	71.9%	179,271	72.0%
売上総利益	69,929	28.1%	69,861	28.0%
営業収入	8,814		8,996	
販売費及び一般管理費	75,422	30.3%	76,460	30.7%
人件費	32,684	13.1%	33,139	13.3%
販売促進費	4,136	1.7%	4,011	1.6%
配送費	6,286	2.5%	6,507	2.6%
地代家賃	11,546	4.6%	11,778	4.7%
減価償却費	3,773	1.5%	4,045	1.6%
営業利益	3,321	1.3%	2,397	1.0%
営業外収益	442	0.2%	377	0.2%
営業外費用	80	0.0%	120	0.0%
経常利益	3,683	1.5%	2,654	1.1%
特別利益		0.0%	490	0.2%
特別損失	1,326	0.5%	1,682	0.7%
税引前当期純利益	2,357	0.9%	1,462	0.6%
ROA（経常利益/総資本）	3.7%		2.7%	

＜貸借対照表＞

（単位:百万円）

	前期	当期			前期	当期
流動資産	31,282	32,786	流動負債		31,447	30,007
現預金	7,165	3,272	買掛債務		16,752	16,379
売掛債権	2,676	2,647	借入金		2,773	2,829
有価証券	5,399	10,119	その他		11,922	10,799
在庫	9,260	9,884				
その他	6,782	6,784				
			固定負債		15,982	15,142
有形固定資産	46,005	41,512	借入金		9,166	8,437
建物構築物	59,139	60,748	その他		6,816	6,705
減価償却累計	- 42,441	- 43,004	純資産		51,361	52,370
土地	20,643	18,739	資本金		8,981	8,981
その他	8,664	5,029	資本剰余金		13,598	13,598
無形固定資産	3,263	3,835	利益剰余金		32,529	32,489
投資その他の資産	18,240	19,386	その他		- 3,747	- 2,698
資産計	98,790	97,519	資産計		98,790	97,519

＜キャッシュフロー計算書＞

（単位:百万円）

	前期	当期
期首現預金残高	13,970	12,065
営業CF	4,463	4,392
投資CF	- 10,476	- 965
財務CF	4,108	- 2,020
期末現預金残高	12,065	13,472

B/Sの現預金残高とC/Fの現預金残高の相違はC/F残高に
は3ヶ月以上の定期預金を含まず、短期有価証券を含むため

<各種指標>

効率性比率	前期	当期
総資本回転率（回）	2.52	2.55
棚卸資産回転期間（月）	0.45	0.48
売掛債権回転期間（月）	0.13	0.13
買掛債務回転期間（月）	0.81	0.79
収支ズレ（月）	- 0.23	- 0.18
生産性比率	前期	今期
売上高/従業員（千円）	15,749	15,674
総利益/従業員（千円）	4,431	4,395
営業利益/従業員（千円）	210	151
人件費（千円）	2,071	2,085
労働装備率（千円）	2,915	2,612
安全性比率	前期	今期
自己資本比率	52.0%	53.7%
流動比率	99.5%	109.3%
現預金比率（月）	0.35	0.16
固定比率	131.4%	123.6%
有利子負債依存率	12.1%	11.6%
キャッシュフローマージン	1.7%	1.7%

（キャッシュフローマージン：売上高に営業収入を含む）

<その他データ>

その他データ・比率		前期	当期
人員数（人）		15,783	15,895
	正社員	2,764	2,841
	パート	13,019	13,054
平均勤続年数（年）		18.1	18.3
売り場面積（万㎡）		19.5	19.4
交差比率※		7.55	7.07
売り場効率（千円/㎡）		1,275	1,284
正社員比率		17.5%	17.9%

※総利益率×在庫回転率

その他のデータは、小売業において重要な指標になることから掲載いたしました。

交差比率とは、総利益率×在庫回転率になりますので、

(売上総利益/売上高)×(売上高/棚卸資産(在庫))で、トレードオフの関係にあります。たとえば、高級メガネ販売店の場合、廉価メガネ販売店と比べで総利益率は高い一方で、店頭に並ぶメガネに対して販売できる数量は限られます。

このバランスがどれだけ効率的にマネジメントされているかによって、交差比率に大きな差がでます。つまり交差比率が高いほど効率的な経営がなされているということになります。

2期の財務諸表、指標をみて、みなさんならどう評価されるでしょうか。

P/Lにおいては、増収ながら営業利益ベースでは減益となっており、配送費、減価償却費の対売上高の割合が上昇しています。

B/Sにおいては、短期有価証券の金額が倍増、有形固定資産のその他勘定が大きく減少しています。

C/Fにおいては、営業キャッシュフローは安定しているものの、前期と比較して今期は投資キャッシュフローが大きく改善しています。

図表35でみると、積極経営志向から体質改善志向に変化しているように思えます。

ただし、利益は確保されており、利益剰余金も厚く、営業CFも十分な黒字を確保しているほか各種指標も目立って悪いと思われるものが見当たりませんので、この決算書からでは課題が見えてきません。(現預金比率が低いですが、現金商売中心のスーパーの場合、それほど気にする必要はありません)

では、次に同業であるB社の決算書をご覧ください(図表45)。

図表45　同業（B社）の２期分の財務関係指標

＜損益計算書＞

(単位:百万円)

	前期		当期	
売上高	310,634	比率	327,406	比率
原価	223,317	71.9%	235,996	72.1%
売上総利益	87,317	28.1%	91,410	27.9%
営業収入	14,807		15,654	
販売費及び一般管理費	88,274	28.4%	92,544	28.3%
人件費	40,034	12.9%	43,042	13.1%
販売促進費	2,626	0.8%	2,815	0.9%
配送費	6,449	2.1%	6,712	2.1%
地代家賃	9,640	3.1%	10,045	3.1%
減価償却費	5,612	1.8%	6,142	1.9%
営業利益	13,850	4.5%	14,520	4.4%
営業外収益	220	0.1%	218	0.1%
営業外費用	531	0.2%	524	0.2%
経常利益	13,539	4.4%	14,214	4.3%
特別利益	1,385	0.4%	2,249	0.7%
特別損失	1,367	0.4%	2,314	0.7%
税引前当期純利益	13,557	4.4%	14,149	4.3%
ROA（経常利益/総資本）	9.5%		7.9%	

＜貸借対照表＞

(単位:百万円)

	前期	当期		前期	当期
流動資産	20,400	40,137	流動負債	44,268	47,151
現預金	4,764	22,386	買掛債務	19,261	20,209
売掛債権	2,504	2,905	借入金	5,472	8,033
有価証券			その他	19,535	18,909
在庫	6,070	6,603			
その他	7,062	8,243			
			固定負債	30,139	56,629
有形固定資産	98,539	114,305	借入金	14,031	39,798
建物構築物	78,364	84,431	その他	16,108	16,831
減価償却累計	-30,585	-32,925	純資産	67,991	76,090
土地	35,798	38,822	資本金	4,199	4,199
その他	14,962	23,977	資本剰余金	4,361	4,573
無形固定資産	3,216	4,073	利益剰余金	66,440	74,516
投資その他の資産	20,243	21,355	その他	-7,009	-7,198
資産計	142,398	179,870	資産計	142,398	179,870

＜キャッシュフロー計算書＞

（単位:百万円）

	前期	当期
期首現預金残高	6,754	4,704
営業CF	15,428	15,805
投資CF	- 15,236	- 23,267
財務CF	- 2,242	25,083
期末現預金残高	4,704	22,325

B/Sの現預金残高とC/Fの現預金残高の相違はC/F残高に
は3ヶ月以上の定期預金を含まず、短期有価証券を含むため

＜各種指標＞

効率性比率	前期	当期
総資本回転率（回）	2.18	1.82
棚卸資産回転期間（月）	0.23	0.24
売掛債権回転期間（月）	0.10	0.11
買掛債務回転期間（月）	0.74	0.74
収支ズレ（月）	- 0.41	- 0.39
生産性比率	前期	今期
売上高/従業員（千円）	24,663	24,665
総利益/従業員（千円）	6,933	6,886
営業利益/従業員（千円）	1,100	1,094
人件費/従業員（千円）	3,179	3,243
労働装備率（千円）	7,824	8,611
安全性比率	前期	今期
自己資本比率	47.7%	42.3%
流動比率	46.1%	85.1%
現預金比率（月）	0.18	0.82
固定比率	179.4%	183.6%
有利子負債依存率	13.7%	26.6%
キャッシュフローマージン	4.7%	4.6%

（キャッシュフローマージン：売上高に営業収入を含む）

245

＜その他データ＞

その他データ・比率		前期	当期
人員数（人）		12,595	13,274
	正社員	2,714	2,920
	パート	9,881	10,354
平均勤続年数（年）		10.2	10.4
売り場面積（万㎡）		29	29
交差比率※		14.39	13.84
売り場効率（千円/㎡）		1,071	1,129
正社員比率		21.5%	22.0%

※総利益率×在庫回転率

　この2社のデータを比較してみると、いろいろな課題が見えてこないでしょうか。

　以下、目立っているものを列挙してみたいと思います（図表46）。

図表46　A社とB社における主な違い

	P/L	A社	B社	コメント
1	売上高伸び率	0.2%	5.4%	伸び率に大きな差が生じている
2	売上高総利益率	28.1%	27.9%	大差ない
3	売上高に対する販売費及び一般管理費比率	30.7%	28.3%	内訳（A社対比B社）人件費(-0.2%)、販売促進費(-0.7%)、配送費(-0.5%)、地代家賃(-1.6%)、減価償却費(+0.3%)
4	売上高営業利益率	1.0%	4.4%	
	B/S	A社	B社	コメント
5	現預金残高	33億円	224億円	A社:前期比-39億円、一方で短期有価証券+48億円 B社:前期比+176億円 現預金比率は、A社:0.16カ月、B社:0.82カ月
6	有形固定資産額	415億円	1,143億円	A社:前期比-45億円、B社:前期比+158億円
7	建物構築物の累計減価償却費率	70.8%	39.0%	A社の建物構築物の減価償却がかなり進んでいる（老朽化している可能性）
	C/F	A社	B社	コメント
8	営業キャッシュフロー	44億円	158億円	(B社/A社)売上規模:1.3倍、営業C/F:3.6倍
9	投資キャッシュフロー	-10億円	-233億円	A社:投資抑制、B社:積極投資

10	財務キャッシュフロー	−20億円	251億円	A社：返済モード、B社：積極資金調達
	指標	A社	B社	コメント
11	総資本回転率（回）	2.55	1.82	A社のほうが総資本効率が高い
12	棚卸資産回転期間（月）	0.48	0.24	A社はB社に対して在庫回転期間が2倍
13	従業員一人当たり売上高（百万円）	15.7	24.7	B社はA社の約1.6倍
14	従業員一人当たり営業利益（千円）	151	1,094	営業利益の差が顕著である影響
15	従業員一人当たりの人件費（千円）	2,085	3,243	正社員比率の影響もあると思われるが、B社が処遇的に上回っている模様
16	労働装備率（千円）	2,612	8,611	B社はA社に比べて設備投資に積極的
17	有利子負債依存率	11.6%	26.6%	B社は借入依存率が高い
18	キャッシュフローマージン	1.7%	4.6%	B社は本業によるキャッシュフローの創出力が圧倒的に高い
	その他データ・指標	A社	B社	コメント
19	平均勤続年数（年）	18.3	10.4	A社はベテランが多い可能性が高い
20	売り場効率（千円）	1,284	1,129	売場面積当たりの効率はA社に軍配
21	交差比率（倍）	7.07	13.84	総利益率が変わらないことから在庫回転率の差が現れている

いかがでしょうか。

B社と比較することで、A社のどこが優れており、どこに課題があるか、かなり明確になってきました。

尚、減価償却累計額は中小企業の決算書では記載されずに、ネット残高が記載されていることがほとんどですので、その場合は確定申告書に添付されている固定資産台帳で確認してください。

▶▶▶▶ **第7章**

財務3表から
課題を引き出す

　第5章、第6章において財務3表の見方、分析方法について学んでいただきました。

　ここでは、学んでいただいた知識を活用して、具体的な事例で課題を引き出すケーススタディを行っていただきます。

■ケーススタディ1■

　まずは、企業の財務諸表2期分から課題を探るケーススタディです（図表47）。

図表47　A株式会社の財務3表標

＜損益計算書＞

（単位:百万円）

	前期		当期	
売上高	1,330	100.0%	1,200	100.0%
売上原価	261	19.6%	220	18.3%
うち減価償却費	65	4.9%	60	5.0%
売上総利益	1,069	80.4%	980	81.7%
販売費及び一般管理費	955	71.8%	940	78.3%
うち減価償却費	5	0.4%	5	0.4%
営業利益	114	8.6%	40	3.3%
営業外収益	12	0.9%	5	0.4%
営業外費用	15	1.1%	30	2.5%
経常利益	111	8.3%	15	1.3%
特別利益	0	0.0%	40	3.3%
特別損失	0	0.0%	20	1.7%
税引前当期純利益	111	8.3%	35	2.9%
法人税等	44	3.3%	14	1.2%
当期純利益	67	5.0%	21	1.8%

※営業外費用:全額支払金利

＜貸借対照表＞

（単位:百万円）

	前期	当期		前期	当期
流動資産	400	318	流動負債	415	362
現預金	195	27	買掛債務	80	75
売掛債権	105	115	短期借入金	175	125
棚卸資産	50	96	1年以内長期借入金	50	50
その他流動資産	50	80	未払費用	30	40
うち未収入金	10	50	未払法人税	20	12
			その他流動負債	60	60
固定資産	1,240	1,150	固定負債	970	830
建物・構築物	630	620	長期借入金	850	750
機械装置	220	210	退職給付引当金	120	80
車両運搬具	140	120	負債合計	1.385	1,192
土地	230	180	株主資本	255	276
無形固定資産	0	0	資本金	50	50
投資有価証券	20	20	資本準備金	65	65
その他の資産	0	0	利益剰余金	140	161
資産計	1,640	1,468	資産計	1,640	1,468

＜キャッシュフロー計算書＞

（単位:百万円）

	前期	当期
税引前当期純利益	111	35
減価償却費	70	65
退職給付引当金増加額	10	-40
売掛債権の増減額（△）	-5	-10
棚卸資産の増減額（△）	-5	-46
買掛債務の増減額	5	-5
その他の流動資産の増減額（△）	0	-30
未払費用の増減額	0	10
その他流動負債の増減額	0	0
小計	186	-21
法人税等の支払額	-25	-22
営業活動によるキャッシュフロー	161	-43
有形固定資産の取得	-30	25
有価証券の取得	0	0
投資活動によるキャッシュフロー	-30	25
フリーキャッシュフロー	131	-18
短期借入による収入	175	125
短期借入の返済による支出	-175	-175
長期借入による収入		
長期借入の返済による支出	-50	-100
財務活動によるキャッシュフロー	-50	-150
現金および現金同等物の増減額	81	-168

　担当者の石田さんは、この会社から決算説明を受け、前期の P/L、B/S を並べた比較 P/L、B/S および C/F を作成してみました。

　さて、この3表をみて、みなさんはいくつの疑問、問題点を見つけることができるでしょうか。まずは、自分で考えてみてください。

・・・

　いかがでしたでしょうか。

　それでは、疑問点、問題点を列挙していきたいと思います。

P/L：

①売上高が10% 近く減少している

②売上原価率が1.3% 減少している（売上高総利益率が 1.3% 上昇）

③営業外費用が15 百万円増加している

④特別利益が計上されている

⑤特別損失が計上されている

B/S：

①現預金が大幅に減少している

②売上高が減少しているにもかかわらず売掛債権が増加している

③売上高が減少しているにもかかわらず棚卸資産が増加している

④未収入金が50 百万円計上されている（40 百万円増加）

⑤土地が減少している

⑥短期借入金、長期借入金ともに減少している

⑦退職給付引当金が減少している

⑧減価償却費は妥当な水準なのだろうか

C/F：

①営業活動によるキャッシュフローが赤字になっている

②投資活動によるキャッシュフローが黒字になっている（固定資産を売却）

③財務活動によるキャッシュフローが大幅な赤字になっている

④現金および現金同等物が前期比168百万円減少している

以上を踏まえて、指標分析をしてみました（図表48）。

図表48　指標分析

効率性比率	前期	今期
総資本回転率（回）	0.81	0.82
棚卸資産回転期間（月）	0.45	0.96
売掛債権回転期間（月）	0.95	1.15
買掛債権回転期間（月）	0.72	0.75
収支ズレ（月）	0.68	1.36

安全性比率	前期	今期
自己資本比率	15.5%	18.8%
流動比率	96.4%	87.8%
現預金比率（月）	1.76	0.27
固定比率	486.3%	416.7%
有利子負債依存率	65.5%	63.0%
キャッシュフローマージン	12.1%	-3.6%

①棚卸資産回転期間は0.51カ月、売掛債権回転期間は0.2カ月増加しており、収支ズレは0.68カ月増加し前期の倍になっている。

②自己資本比率は大幅に上昇しているが、現預金比率は0.27カ月と1.49カ月も短くなっている。

③営業キャッシュフローの赤字によりキャッシュフローマージンは赤字に転落している。

これらを踏まえて、これらの疑問点、問題点に対する原因仮説を立てていきます。

P/L：

①売上構成に変化があったのか（大幅に売上が低下した商品があったのか）。

②①による影響なのか、B/S③を踏まえると在庫評価方法の変更か、

在庫の水増しではないのか。

③ B/S ⑥を踏まえて、借入金平均金利を計算したところ、3% となり明らかに異常な水準。もしかするとどこかの金融機関が回収を行い、その見合いでノンバンクから高利の借入をしたのではないか。

【借入金平均金利30/((175+50 + 850) + (125 + 50 + 750))/2 = 3%】

④特別利益の 40 百万円は、B/S ⑦の減少額と合致することから、退職給付引当金を取り崩して利益の計上を図ったのではないか⇒退職手当に問題はないだろうか。

⑤ B/S ⑤の土地が 50 百万円減少していることを考えると、損失覚悟で土地を売却して資金繰りに充てたのではないだろうか。

B/S：

①現預金比率が月商の 0.27 カ月であり、月中の資金繰りに問題が生じていないのだろうか。

②売掛債権の中に不良化した債権が隠れているのではないか。

④未収入金はどういった内容のものなのか　もしかすると土地の売却代金か。

（③、⑤〜⑦はすでにチェック済）

⑧減価償却対象資産は、建物構築物、機械装置、車両運搬具で計 950 百万円。

減価償却費が 65 百万円なので、950/65 = 14.6 年

建物の比率が高いことを考えると妥当な水準に見えるが、今期購入した資産が何か確認するべきか。

【今期購入した資産：今期償却資産残高(950) −（前期償却資産残高(990) − 今期減価償却費(65)）= 25】

以上の問題は、営業 C/F の赤字からも重大な問題と認識できることを確認。

そこで、石田さんは、社長との面談に臨みました。

石田：社長、本日はお忙しところお時間をいただきありがとうございます。ところで、先日いただきました決算書を分析させていただきましたところ、いくつか確認させていただきたい点がでてきましたので、今日お伺いした次第です。順を追ってご質問させていただきたいと思いますが、よろしいでしょうか。

社長：ああいいよ。今日は時間もたっぷりあるので、なんでも聞いてください。

石田：では、まず売上高が10%近く減少していますが、この要因は何でしょうか。貴社の取り扱っている商品については、特に価格が大きく下落したとは聞いておりませんので、商品構成が大きく変わったのか、あるいは全体的に販売が伸び悩んだのかと考えたのですが。

（※単に理由を聞くのではなく、仮説に基づいて質問することで、その仮説に従った回答が得られやすくなります）

社長：その通りだよ。商品単価は下がっていないんだが、当社にとってこれまで主力商品であったA商品が販売先からの値下げ要請が強くて採算性が厳しくなってきていることから思い切って撤退する方向に舵を切ったところなんだ。残念ながら、これから売上に貢献してくれると期待している新製品Dだけでは穴埋めができなかったんだよ。この表を見てくれるかな。（図表49）

図表49
(単位:百万円)

	前々期			前期		
	売上高	総利益率	総利益	売上高	総利益率	総利益
A商品	500	73%	365	150	57%	86
B商品	270	83%	224	260	82%	213
C商品	250	83%	208	230	83%	191
D商品	230	88%	202	510	88%	449
その他	80	87%	70	50	81%	41
計	1,330	80%	1,069	1,200	82%	980

石田：なるほど。そういう理由だったんですか。確かにA商品の総利益率は大きく落ち込んできていますね。しかし思い切った方針転換ですね。でもその結果総利益率が改善されたのですね。安心しました。

　　　（※感想や、個人の思いを伝えることがポイント）

社長：もしかして粉飾でもしてるんじゃないかと疑ったんじゃない？実は、メインの日浦信用金庫に半期が終わった時点の試算表を提出したところ支店長が飛んできて、「どうなってるんだ！売上も利益も大幅に落ちているじゃないか。早急にリストラ計画を作成しろと怒鳴り散らすんだよ。いくら財務体質改善のための戦略変更だと言っても聞く耳を持たなくてね。恐らく取引を縮小したA商品の主力販売先が彼らの親密取引先だったらしく感情的になったんだと思いますよ。彼も出世がかかっているんだろうね。それで私も「こんな金融機関をメインにしておけない」と思って借入金を全部返済して、長期借入金はノンバンクに一旦切り替えたんだよ。本当は、おたくにも相談したかったんだけど、メインの肩代わりとなるとすぐに対応は難しいと思って黙っていたんだ。いずれにしても決算が出た時点で実績を見て判断いただこうと思っていたところだ。

石田：そうだったんですか。ちなみに借換資金の金利はおいくらですか？また、現預金残高が期末で27百万円になっていますので、われわれも心配しているんです。もしかして、土地を売却されたのも資金繰りが関係しているんですか。

　　　（※ここでも仮説を投げかけている）

社長：借換金利は6％。急を要する判断だったのでやむを得ないと思っているよ。おっしゃる通り、現預金はかなり厳しい水準だけど、土地の売却資金が期初に振り込まれたのでとりあえず心配はしていないよ。

石田：それは良かったです。決算書に未収入金が計上されていた

のがそうですね。30百万円程度でしょうか。土地勘定が50百万円減少して特別損失で20百万円計上されていましたので。

（※ここでも仮説の確認をおこなっています）

社長：その通りだよ。君は財務に精通しているね。君が担当者なら安心だな。

石田：そう言っていただけると、金融機関の担当者冥利に尽きます。ところで、もう少しお伺いさせてください。あと３点確認させていただきたいのですが、１つは売掛債権が増加している要因と、２つ目は退職給付引当金を取り崩されている点、そして特別利益として40百万円計上されている点です。

社長：いや、参ったな。君には隠し事ができないね。（笑）売掛債権が増加したのは、A商品が現金払いの先が多かったんだが、D商品は新規先が多くて、月末〆の翌月末払が中心でね。それで増えているだけなので、心配はいらないよ。遅延している債権もないし、取引先の管理は信用調査も行い徹底しているからね。

（※この質問により、当社が取引先管理を重視していることが新たに判明しています）

退職給付引当金の取崩しは、当期に定年退職者が多くてね。退職金の支払に伴うものだよ。

特別利益は新製品開発に伴う補助金が入ったので計上したものだ。決して利益捻出のためではないよ。

石田：それは大変失礼いたしました。まだまだ確認ができていませんでした。ということは、社員の若返りも図られているということでしょうか。

（※仮説と違った場合には、新たに確認できた話を踏まえて、その先を読むことが重要です）

社長：そうだね。新製品のD商品は若手が頑張って創り上げたものだから、彼らも意気込んでいるよ。これからまだまだ新しい商品を開発していく勢いだよ。

257

石田：では、今期の決算は、かなり期待できそうですね。そうな
　　　ると増加運転資金に加えて、開発資金も必要になるでしょうか
　　　ら、是非補助金などの活用も含めて、私にご相談ください。ま
　　　た、ノンバンクから借入された長期借入金も金利負担が大きい
　　　ですので、是非うちで肩代わりの検討を至急させていただけな
　　　いでしょうか。
　　　　（※現状を把握して、当期決算の疑問点が確認できたことに加
　　　え、当社の業容拡大が今後期待できることを確信して、積極的
　　　な提案に繋げています）
社長：それはありがたい。是非お願いするよ。他の金融機関は決
　　　算内容の数字だけ見て、かなり消極的な姿勢を示してきたの
　　　で、今後は君のところにメインとして期待するのでよろしく頼
　　　むよ。

　さて、この一連の会話を見ていただいていかがでしたでしょうか。
　表面的な財務分析だけであれば、当社に対しては非常に厳しい対応
を検討しなければいけないという判断になりますが、実態を把握する
ことで、まったく180°違った状況が確認できたことに加え、新たなポ
ジティブ情報を入手できたことになります。
　さらに、社長からの信頼度は高まり、一気にメインとしての立場を
獲得することになったわけです。

■ケーススタディ 2■

　次に、第 6 章のスーパーの事例ですが、A 社に対して財務分析を踏まえてどのような提案ができるかを考えていきたいと思います。少し自分で考えてみた上で、次に進めてください。

・・

　まず A 社と B 社との比較から相違点、問題点を整理します。

＜ P/L から見えてくるもの＞

　①営業収入（不動産収入等）が少なく、地代家賃比率が高い。

　②人件費比率、販売促進費比率、配送費比率が高く営業利益を圧迫している。

＜ B/S から見えてくるもの＞

　③在庫水準が高い。

　④有価証券比率が高い。

　⑤有形固定資産の保有割合が低い。

　⑥建物構築物の累計減価償却費率が高い。

＜ C/F から見えてくるもの＞

　⑦今期は一転して投資を抑え投資キャッシュフローを抑えている。

　⑧今期は財務キャッシュフローがマイナスになっており借入を圧縮している。

＜指標・データから見えてくるもの＞

　⑨総資本回転率は高いものの ROA（総資本利益率）は低い。

　⑩棚卸回転期間が長期である。

　⑪売上高に比して人員が多い、パート比率が高い、勤続年数が長い。

　⑫現預金比率が低い。

　⑬売場効率は高い一方で、交差比率は低い。

　では、ここから推定される原因仮説はどんなことが考えられるで

しょうか。

①・⑤→自社物件が少なく賃貸物件が多い。それゆえに地代家賃の割合が高くなっている。効率的なテナントを取り込んでいない。地代家賃水準が高い。

②→販売促進体制が効果的に行われていないのでは、配送効率が悪い。

⑨→経費マネジメントができていない。

③・⑩→在庫管理、売れ筋商品管理ができていない。

⑤・⑥→店舗の老朽化が進んでいる、店舗の魅力が低下している、店舗戦略ができていない。

④・⑤→成長戦略でなく安全性を重視しすぎている。

①・④→有価証券投資による目先の利益（安易な利益）を求めている。

②・⑪→従業員の適正配置ができていない、パートの戦力化ができていない、従業員がマンネリ化して主体性を失っている。

⑦・⑧→明確なビジョンや戦略が描けていない。

⑬→売場が魅力的でなく消費者の目線になっていない、本部人員が過剰、システム化が遅れている。

　ほかにも考えられるかもしれませんが、ざっとこういった仮説が立てられます。

　あとは、これらの仮説について事実確認を取り、もしこれらの事実認識があるのであれば、金融機関としてのソリューションに繋げていくために知恵を働かせることになります。

石田：本日は、お時間をいただきありがとうございます。実は、貴社の決算を分析させていただきましたところ、いくつかの課題が見えてきましたので、一度共有をさせていただければと思っております。あくまでも決算書から推測した仮説ですの

で、間違っているかもしれませんが、その点はご容赦ください。

（※あくまでも仮説を聞いていただくという謙虚な姿勢が重要です）

社長：それはありがとう。自社ではなかなか気づかないことも多いので、客観的に分析してもらえるのは有難いことだよ。是非、忌憚ない意見を聞かせてもらいたい。

石田：実は、貴社の2期分の財務データについて、競合先であるB社の財務データと比較分析させていただきました。その結果、このような違いが確認できました。

（図表44、45、46などを示す）

（※但し、公開企業であれば問題ありませんが、非公開の企業の財務データを相手（この場合B社）の了解なくして開示することはできませんので、その場合は比較企業名をブラインドにしたうえで、生データでなく指標データ程度に留めておくべきです）

この内容を踏まえて、いくつか課題について仮説を立てましたので、貴社が抱えている課題と合致するのかどうかお聞かせください。

（ディスカッションペーパーとして用意）

①販売促進に対する効果測定ができていないなど、販売促進体制の見直し

②配送ルートの見直しなど配送体制の見直し

③全体的な経費マネジメント体制の構築

④店舗の在庫管理、売れ筋商品管理体制の見直し

⑤店舗戦略を含めた店舗収益シミュレーションの実施（テナントの見直しを含めて）

⑥店舗賃料の見直し

⑦新規出店用地の確保と店舗のリニューアル

　⑧出退店のルール策定

　⑨全社の資産ポートフォリオ戦略の策定

　⑩人員体制の見直しとパートの戦力化

　⑪全社のビジョン、経営理念、ミッション、行動指針策定による社員思考改革

以上ですが、いかがでしょうか。

　（※形にこだわらず、ただし明快なペーパーを準備することで、たたき台として議論のベースになります）

社長：よくここまで課題をまとめてくれたね。確かにこれらのほとんどが現在抱える課題だが、言われてみて思ったんだが、⑪が当社にはあるものの、昔ながらのものなので、誰も意識していないというのが実態なんだよ。やはりこれは大事なんだろうね。

石田：貴社の規模の企業であれば、社員数も多いわけですから、社長の目が届かないはずです。それをカバーして企業としての指針や使命を明確にして社員に意識づけることは非常に重要だと思います。

　（※実は、中小企業でこれらが定められていない、あるいは当社の実態に則していない、抽象的すぎるということが散見されます。社員の意思統一を図る上でも非常に重要な要素であることを認識してください）

社長：なるほど。あと、やはり当社はどうも中期的な戦略がなくて、毎年業績の状況に合わせて方針転換を図ってきており、あらゆるところに綻びがでてきているのも事実だ。君の提示してくれた課題はすべてそこが起点になっているように思う。⑥については、これまで賃料交渉は行っていない。⑧についても、感覚的かつ情緒的な判断で現場任せとなっており、責任体制が明確になっていないのも事実なので、せっかくのご提案だし、ひとつあらゆる角度から、おたくの金融機関としての具体的な

提案をお願いできないだろうか。

石田：ありがとうございます。①から④および⑥については、当行庫で親密にさせていただいていますマーケティングサポート、ロジスティクスソリューション、経費効率化ソリューション、最新POS管理サービス、家賃減額コンサルティングなどで豊富な実績を有している企業が何社かありますので、是非紹介させてください。⑤、⑧については、小売業に特化した店舗戦略コンサルティング会社をご紹介させていただきます。⑦、⑨、⑩、⑪については、当行（庫）の専門部隊と連携して当行（庫）主導でご支援させていただければと思いますが、如何でしょうか。外部にも大手のこうしたコンサルティングファームはありますが、貴社のことを一番理解し強い思いをもっているのは我々だと自負しておりますので、是非ご検討ください。

（※自行庫でどのようなサービスラインナップがあるのか、しっかりと整理をしておくことで的確かつ具体的な提案に繋げることができます）

社長：もちろんだよ。ここまで具体的な提案をしてくれた金融機関はおたくが初めてだ。それにいろいろ新たな気づきも与えてくれたし、行動を起こすきっかけを作ってくれた。感謝するよ。一応、役員とも協議させていただいた上で正式に回答申し上げるが、この線で進めていただくよう準備をお願いするよ。

263

このような流れで話を進めていくことです。

このように徹底した分析を踏まえて、問題点の洗い出し⇒その原因仮説を考える⇒原因仮説に基づいた課題仮説を設定する。それをベースに企業と協議を進めていくという段取りを踏めば、非常に効果的な議論ができるとともに、相手からの信頼度も飛躍的に高まることは間違いありません。

尚、注意していただきたいことですが、最近のソリューション営業

推進において、私が気になっていることは、折角課題の共有ができたにもかかわらず、そこを金融機関としてのゴールだと思い込んで、あとは取引先や提携先に丸投げをしてしまっていることです。

まずは、自行庫でそのソリューションを提供できないのかを考えてください。

たとえば、人事制度構築であれば、グループ会社の経営コンサルチームでもいいのですが、みなさんがお客様の事情を汲み取ったカスタマイズされた最適なソリューションを提供しようとすれば、みなさんが最後まで関与するべきですし、それが自行庫内（たとえば人事部門など）で対応できないのか上席にも確認することです。

そのうえで、外部の提携先などを活用することがベストソリューションであると判断するのであれば、お客様への紹介者責任をしっかり認識して、「どの会社のどういう経歴の担当者が担当するのか」を把握し、安心して任せられると確信したうえで、サービスのクロージングまでモニタリングを行える体制を整えておくことが肝心です。

取引先や提携先を紹介することで、「ビジネスマッチングによるフィーの獲得」は副次的な産物であって、あくまでもメインは、「このソリューションを通じて信頼関係をより高めるとともに、金融機関本体のビジネス（融資、本体手数料など）に繋げていくことにある」ことを忘れないでください。

定性・定量分析から戦略を引き出す方法

　第8章では、企業の多角的な分析から、企業の強み、弱み、企業の置かれている環境について整理したうえで、戦略を考えていくプロセスについてご説明していきたいと思います。

　すでに多くの金融機関では、これらを整理するためにSWOT分析を活用されていることと思います。私もこれが最も現状の実態把握を整理するという点で優れたツールだと思っています。

　みなさんはすでにご存じかもしれませんが、SWOTとは、強み（Strength）、弱み（Weakness）、機会（Opportunity）、脅威（Threat）の頭文字をとったものになります。

　「強み」、「弱み」は内部環境要因、「機会」、「脅威」は外部環境要因です。

　内部環境要因については、会社の財務情報、定性情報、経営者等へのヒアリングによって整理を行い、外部環境要因については、業界動向、政治情勢、社会情勢、金融環境などがどのように当社に影響を与えるかを整理しつつ、金融機関の視点も併せて有識者や経営者へのヒアリングにより精度を高めてください。

　ちなみに、外部環境要因については、マクロ分析においてPest分析（図表50）、ミクロ分析においては5Force分析（図表51）を参考にして、実態把握を深めていくことでより精緻な分析が可能になりますので是非活用してみてください。

図表50　Pest分析（マクロ環境要因分析）

要素	内容
政治的要因 （Political）	法律、規制、税制、政治動向、世界情勢などの今後の変化が当社の経営にどのような影響を及ぼすのか
経済的要因 （Economic）	景気動向、経済成長率、消費動向、金利・為替・株式・商品などの市場動向、物価動向などが当社の経営にどのような影響を及ぼすのか
社会的要因 （Sociological）	人口動態、人口構成、ライフスタイルの変化、価値観の変化、高齢化、少子化、教育問題、労働環境の変化などが当社の経営にどのような影響を及ぼすのか
技術的要因 （Tecnological）	インフラ整備、IT化、システム化、新技術の開発、イノベーション、特許などが当社の経営にどのような影響を及ぼすのか

図表51　5Force分析（ミクロ環境要因分析）

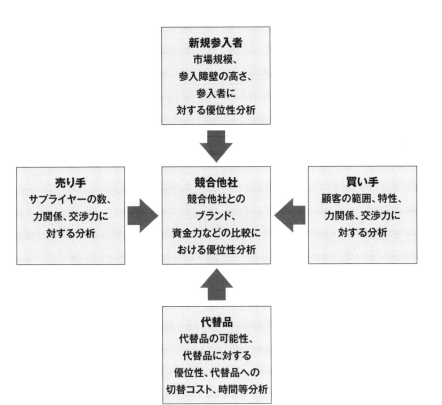

　ただ、残念なのが、多くの分析がここで終わってしまっていること
です。

　SWOT分析はあくまでも事実認識であって、ここで終わってしまう
と「so what?（それでどうなの？）」という結論付けが欠けてしまって
いることになります。

　このSWOT分析をさらに展開したクロスSWOT分析を行うこと
で、やるべき戦略が具体的に見えてきます。

　次頁の図表52をみてください。

図表52　SWOT分析シート

強み	弱み
・首都電機グループの県内唯一の特約店として首都電機グループとの強固な関係を構築している。 ・県内における大手企業、自治体等を主要顧客として有しており顧客基盤は盤石である。 ・仕入・販売・設計・施工・保守の一気通貫型の設備関連サービスを提供している。	・営業第一部における販売店営業における受発注システム等アナログ対応による非効率な営業体制。 ・縦割り組織となっており情報の横断的共有ができていない。 ・社員の高齢化による技術職の不足。 ・年功序列体系による人事制度。 ・事業承継問題への対応の遅れ。
機会	脅威
・SDGs、カーボンゼロへのニーズが高まってきている。 ・コロナ禍における抗菌・抗ウイルスへの投資ニーズが高まってきている。 ・高齢化、外国人労働者不足、働き方改革によるDX、ロボティクス、省力化投資へのニーズが高まってきている。	・首都電機製品の対応力低下による他社製品の市場シェアの拡大。 ・量販店による住宅関連機器への本格的参入。 ・資材価格、原油価格上昇による製品価格の上昇。 ・働き方改革による労働時間の制約による受注機会の減少。

　ある会社の会社状況、ヒアリング内容等を踏まえて作成したSWOT分析シートになります。

　この事実を踏まえて、みなさんが、クロスSWOTで戦略を考えた場合、どのようなアイデアがでてくるでしょうか。少し考えてみてください。

　なお、クロスSWOTは、「強み×機会」による「強みの強化戦略」、「弱み×機会」による「弱みの補完戦略」、「強み×脅威」による「脅威への対処戦略」、「弱み×脅威」による「脅威に対する防御戦略」の4つの組み合わせから、最適な戦略を考えるツールになりますので、それぞれの組み合わせから、当社としてどのような戦略を行うべきかSWOT分析で整理された事実を踏まえて検討をしてみてください。

・・・

　いかがでしたでしょうか。

それでは、クロスSWOTに落とし込んだ事例をご紹介します（図表53）。

図表53　クロスSWOTに落とし込んだ戦略（例）

		強み	弱み
		・首都電機グループの県内唯一の特約店として首都電機グループとの強固な関係を構築している。 ・県内における大手企業、自治体等を主要顧客として有しており顧客基盤は盤石である。 ・仕入・販売・設計・施工・保守の一気通貫型の設備関連サービスを提供している	・営業第一部における販売店営業における受発注システム等アナログ対応による非効率な営業体制。 ・縦割り組織となっており情報の横断的共有ができていない。 ・社員の高齢化による技術職の不足。 ・年功序列体系による人事制度。 ・事業承継問題への対応の遅れ。
	機会	・県内取引先、新規先へのSDGs、カーボンゼロ、コロナ関連、DX、ロボティクス、省力化投資ニーズの吸い上げによる囲い込み。 ・従来の営業窓口から組織全体に対する総合提案型営業の推進。	・システム投資による効率化の推進（営業業務への集中）。 ・横断的営業体制へのインセンティブを高める人事制度の構築。 ・技術職の確保（人事ローテーションの実施、中途採用の強化、技術要員を抱える企業M&A）。 ・後継者人事の早期決定。
	・SDGs、カーボンゼロへのニーズが高まってきている。 ・コロナ禍における抗菌・抗ウイルスへの投資ニーズが高まってきている。 ・高齢化、外国人労働者不足、働き方改革によるDX、ロボティクス、省力化投資へのニーズが高まってきている。		
	脅威	・他社との連携強化による高度なソリューション営業体制の構築。 ・メンテナンス部隊の強化。 ・資材保管スペースの拡充（戦略的在庫投資）。 ・労働効率化に向けたDX投資および意識改革研修の実施。	・システム投資による労働環境の改善。 ・人事制度（昇給昇格制度、評価制度）の改革。
	・首都電機製品の対応力低下による他社製品の市場シェアの拡大。 ・量販店による住宅関連機器への本格的参入。 ・資材価格、原油価格上昇による製品価格の上昇。 ・働き方改革による労働時間の制約による受注機会の減少。		

　いかがでしょうか。これはあくまでも一例であり、ほかにもさまざまな戦略が考えられると思います。中には、すでに当社が実践している内容も含まれているかもしれませんが、もしそうであれば、みなさんの分析に基づく戦略に合致していることになりますので、正しい戦略であると確認できますし、もし実践していない内容があれば、それを新たな戦略として経営者に提案してみてください。

■ケーススタディ■

「課題の発見」⇒「効果的な提案」に繋げる事例

　それでは、仕上げとして、ある会社の経営者に面談した内容と、会社の情報ファイル（簡易版）をもとに、効果的な提案につなげていく具体的事例をご紹介します。

　まず、図表54をご覧ください。

図表54　顧客情報ファイル

顧客属性

会社名	株式会社滝川電機	業歴	創業1952年、設立1961年
事業内容	首都電機グループ製品の特約店として、首都電機グループ製品を主体とした仕入・販売・設備設計・施工・保守を行う		
社是	信頼と誠実		
経営理念	われわれは、柔軟な発想力で新たな価値を創造し、お客さまの発展に寄与することで地域社会に貢献します		
ビジョン	■付加価値の高い提案と高度な技術力で、お客様に感動を与える地域のソリューションパートナーを目指します ■社員ひとりひとりが生きがいと仕事への誇りを持ち、共感と信頼の形成のもとで成長力を高めます ■柔軟な発想力と改革スピリットで、お客さまの発展に寄与していきます		

経営陣	氏名	年齢	管掌	備考
代表者	吉田健一	70	総括	ゴルフハンディ2
専務取締役	田畑浩二	68	総務	体調不良ぎみ
常務取締役	薦田哲三	65	設備・保守	典型的技術屋
常務取締役	横田博	52	営業	若手のエース
常務取締役	小村誠二	61	営業	保守的思考

株主構成	保有株数	保有比率
吉田健一	194,000	100%

（単位:千円）

財務ハイライト	F-2年度	F-1年度	F年度
売上高	10,525	10,022	10,880
営業利益	520	401	550
経常利益	612	498	630
当期純利益	252	198	255
総資産	8,025	8,293	8,395
純資産	4,200	4,452	4,650

271

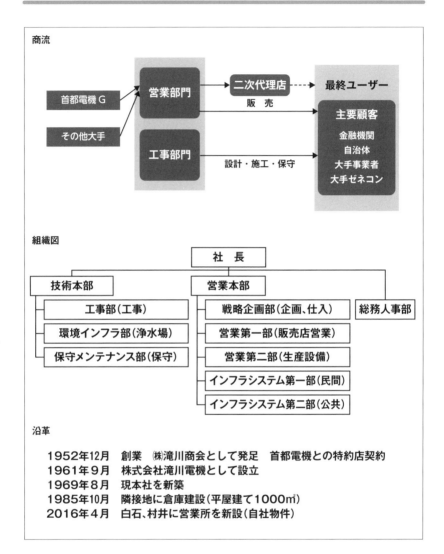

　実は、この会社の SWOT 分析、クロス SWOT 分析は先にご紹介した図表52、図表53の企業になります。

　また、社長との面談記録（図表55）も読んでいただき、当社の課題を拾い上げて、みなさんとしてどのような提案ができるか考えてみてください。

図表55 吉田社長に対する面談記録①

- 当社は、首都電機特約店として安定した顧客基盤の中で、業績もこれまで売上規模で概ね100億円強、経常利益率5-6%で推移。
- 製品については、多岐にわたっており、最近では空調製品の販売が伸長している。尚、売上の半分は工事がかかわるものであり、当社は単なる特約店として製品販売を行っているわけではなく、工事に係る設計、施工、保守、メンテナンスと一貫した製品提供体制を整えていることが特長。
  尚、最近は顧客の要望に応じて他社製品の取り扱いも増やしている。
  （首都電機製品のウェイトは70%程度）
- 中でも得意としているのは、弊社単独で行っている空調工事、首都電機とのJVで実施している環境関係システム工事（上水道など）である。
- 営業スタイルは、Ⓐ古いものへの更新提案、Ⓑ設備事務所への営業、Ⓒ過去のデータベースに基づく新規営業であるが、なかなか新規営業に手が回っていないのが現状。
  特に販売店営業を行っている営業第一部は収益率も低い一方で、取り扱い商品も多く、またシステム対応が遅れており、非効率な体制の改善が課題である。
- また、販売店を通じた営業においては、短納期による要請が近時増加傾向にあるが、首都電機の生産が計画的に行われていないことがネックとなり、製品仕入が納期に間に合わず、失注してしまうケースが発生している。
- 組織的には、縦割り組織となっており、人員の硬直化から属人的なスタイルが定着してしまっているほか、古い体質が根強く、トップダウンが主体の社風となっている。また、業績安定が続いていることから、ぬるま湯体質にあり変化を嫌う傾向が強い。
- 人事制度については、昔からの年功序列的な昇給昇格制度であ

り、また評価制度も曖昧な上司評価になっていることから、社員の不満も聞こえてくる。

また、アナログ対応の体質が強く、営業担当含めて残業が恒常化しているが、現状はみなし残業として全員一律で20時間を付与する形で人件費の増大を回避している。

- 中期経営計画は過去2回行っているが、定型的な分析に基づく、数値偏重の結果となっており、これからの環境変化に則した自主的かつ意欲を高める実践的な計画にしていきたいと思っている。
- また、人材的には、高齢化が進んでおり、技術者については60歳を過ぎても嘱託として貢献してもらっているが、いずれ限界が来る可能性もあり、対策を検討していかなければならない。
- 後継者については、私も70歳になり、専務も体調不良が続く中、今後10年の激動の時代が予想される中で、ある程度区切りを見てバトンタッチを検討する必要がある。尚、私の唯一の子供である息子は当社社員でなく、また当社を継ぐ意向もない。
- 尚、問題は、私の所有する株式であり、これは今後どういう形で継承させるかは大きな課題であると認識している。

どの程度の課題が見つかったでしょうか。また、その課題に対してどのような提案が考えられたでしょうか。

ひとつお伝えしておきたいことがあります。

この会社は簡易な決算概要を見る限り財務面での問題はみられないように思えます。

えてして金融機関の担当者の方々は、こういう会社が苦手なのか、あまり金融機関を必要としていないと決め込んでいるのか、会社の実態把握を疎かにして、表面的な取引（たとえば、継続的な短期融資取引、ビジネスマッチングによる手数料ビジネスなど）で満足してしまって

いるように思えてなりません。

たとえ財務が健全な会社でも、パーフェクトな会社はないのです。また企業は成長することが前提ですので、現時点で課題と認識されなくても、明日になったら課題に浮かび上がってくることもあるのです。

決して、「こんな健全な会社なら金融機関はお呼びじゃないんだろうな」と決めつけず、まずは財務内容にどこか綻びの予兆がないか、定性的な視点において潜在的な問題は隠れていないだろうか、経営者は今後この会社をどうしていきたいのか、といった視点で見つめなおすことで、今まで見えてこなかった世界が浮かび上がってくると思ってください。

それでは、また石田さんに登場していただき、社長との面談を踏まえた提案内容について、紹介していきたいと思います（面談記録（図表56）も併せてご覧ください）。

図表56 吉田社長に対する面談記録②

- 当社は、首都電機特約店として安定した顧客基盤の中で、業績もこれまで売上規模で概ね100億円強、経常利益率5-6%で推移。
- 製品については、多岐にわたっており、最近では空調製品の販売が伸長している。尚、売上の半分は工事がかかわるものであり、当社は単なる特約店として製品販売を行っているわけではなく、工事に係る設計、施工、保守、メンテナンスと一貫した製品提供体制を整えていることが特長。

 尚、**最近は顧客の要望に応じて他社製品の取り扱いも増やしている。**①

 （首都電機製品のウェイトは70%程度）

- 中でも得意としているのは、弊社単独で行っている空調工事、首都電機とのJVで実施している環境関係システム工事（上水道など）である。
- 営業スタイルは、Ⓐ古いものへの更新提案、Ⓑ設備事務所への

営業、ⓒ過去のデータベースに基づく新規営業であるが、<u>なか</u>
<u>なか新規営業に手が回っていないのが現状</u>。

特に販売店営業を行っている営業第一部は収益率も低い一方
で、取り扱い商品も多く、またシステム対応が遅れており、非
効率な体制の改善が課題である。②

- また、販売店を通じた営業においては、短納期による要請が近
時増加傾向にあるが、首都電機の生産が計画的に行われていな
いことがネックとなり、**製品仕入が納期に間に合わず、失注し**
てしまうケースが発生している。③

- 組織的には、縦割り組織となっており、**人員の硬直化から属人**
的なスタイルが定着④してしまっているほか、古い体質が根強
く、トップダウンが主体の社風となっている。また、業績安定
が続いていることから、**ぬるま湯体質にあり変化を嫌う傾向が**
強い。④

- 人事制度については、**昔からの年功序列的な昇給昇格制度であ**
り、また評価制度も曖昧な上司評価になっていることから、社
員の不満も聞こえてくる。⑤

また、アナログ対応の体質が強く、**営業担当含めて残業が恒常**
化しているが、現状はみなし残業として全員一律で20時間を付
与する形で人件費の増大を回避している。⑥

- 中期経営計画は過去2回行っているが、定型的な分析に基づ
く、数値偏重の結果となっており、**これからの環境変化に則し**
た自主的かつ意欲を高める実践的な計画にしていきたい⑦と
思っている。

- また、**人材的には、高齢化が進んでおり、技術者については60**
歳を過ぎても嘱託として貢献してもらっているが、いずれ限界が
来る可能性もあり、対策を検討していかなければならない。⑧

- 後継者については、私も70歳になり、専務も体調不良が続く
中、今後10年の激動の時代が予想される中で、ある程度区切り

を見て**バトンタッチを検討する必要がある。**⑨**尚、私の唯一の子供である息子は当社社員でなく、また当社を継ぐ意向もない。**⑩

・尚、**問題は、私の所有する株式であり、これは今後どういう形で継承させるかは大きな課題**⑪であると認識している。

石田：社長、先日は貴重なお時間をいただきありがとうございました。ところで、貴社の会社情報と先日社長から伺ったお話を踏まえて、課題を整理して参りましたので、ご意見をお聞かせいただき、当行（庫）としてお手伝いできることがあれば、是非お力にならせてください。

（顧客情報ファイル、社長面談記録から）

まず、貴社は素晴らしい経営理念、ビジョンを掲げておられますが、ビジョンが経営理念の焼き直しになっているようにも思えますことと、昨今のSDGs、カーボンゼロ、ロボティクス、省力化、DXといった10年単位での取組が求められる中で、先日の社長のコメント（面談記録②＝⑦）にありました「環境変化に則した自主的かつ意欲を高める実践的な計画」を実現するためにも、ビジョンの見直しおよびそれに則した戦略の策定に取り組む絶好の機会ではないかと思った次第です。

（※もし使命、経営理念、ビジョン、行動指針などが定められていなければ、これを策定する意義は非常に大きい（会社の存在意義などを定め、社員のベクトルを合わせることで帰属意識を高める効果もある）ことを伝え、定めていたとしても形骸化していたり、単なる数値目標になっていては意味がないことから、まずはここを切り口にすること）

社長：なるほど。確かに今のビジョンはかなり昔に策定したものなので、言われる通り、少し抽象的だしインパクトにも欠けて

いるとは思っていたところだよ。確かにご指摘の通り、当社も今後10年でさまざまな新しい取組を行っていかなければならないこともあり、中期経営計画も今年度が最終年度になることから、抜本的に作り方も変えたほうがいいかもしれない。ちなみに、こうしたことはおたくに相談できるのかね。

石田：もちろんです。当行（庫）にはコンサルティング部がありますので、そちらでお手伝いさせていただくことは可能です。社長のおっしゃっておられた「定型的な分析に基づく数値偏重の内容」について、抜本的に見直すうえで、新たに策定する中期ビジョンをトップに据えて、それに基づく戦略を策定し、具体的な戦術に落とし込んでいく、一本筋の通った計画を策定することが重要だと思います。是非、一度コンサルティング部のメンバーをご紹介いたしますので、お時間をいただければと思います。

それから、後継者問題と株式の問題（面談記録②＝⑨、⑩、⑪）ですが、社長にとってはナイーブな問題ですので、金融機関が安易に口出しするべきではないと思いますが、われわれも貴社には益々隆盛を極めていただきたいと願っておりますので、そういう意味でも看過できない問題と認識しております。

　（※）まず後継者としては私が推測するところ、横田常務ではないかと思っておりますが、一度ご面談の機会を頂戴できませんでしょうか。

当行（庫）でも、グループ会社で経営者養成研修や次世代経営者の会なども開催しておりますので、よろしければその際にご案内させていただければと思います。

また、株式については、社長が100％保有されておられますが、株式承継はそう簡単ではありません。社長が引き続き株主として保有される選択肢もあるでしょうし、後継者の方など経営陣によるMBO(Management-Buy-Out)も選択肢の一つです。後者の

場合は、金融機関としてお手伝いさせていただかなければならないと思いますので、是非社長のお考えをお聞かせいただければと思います。

（※相手の立場を慮りながらも債権者の立場である金融機関としての考え方もしっかり伝えている）

社長：中期経営計画のことは是非お願いしたいので、後日日程調整をさせてもらえるかな。また、後継者の件は、お察しの通りで横田常務を指名しようと思っている。彼は社員にも人気があるし、とにかく行動力と責任感はピカ一だ。ご提案のあった研修などについても、一度彼と一緒に話を聞かせてもらいたいので、今度面談の際には、彼も同席させることにするよ。株の件はまだ考えが固まっていないんだ。ただ、息子に承継するべきではないと思っているし、他社に買い取ってもらうのも社員のことを考えると二の足を踏んでしまう。ご提案のあったMBOについては、いろいろなやり方があるだろうから、一度相談にのってもらいたい。

石田：もちろんです。是非最善の方法について一緒に考えさせてください。（※1）
ところで、話は変わるのですが、貴社の沿革を拝見していて気がついたのですが、この本社は建築後50年以上経過しているんですね。情報インフラ体制や社員間のコミュニケーション、社員の労働環境といった点で問題はありませんでしょうか。実は、私のお取引先で最近本社を建替えされた会社があるのですが、社員のための共有空間を設けたことで社員間のコミュニケーションが格段に高まり、社員の仕事への意欲が目に見えて改善したとおっしゃっていました（※2）貴社の場合、財務面でも全く問題ありませんし、もしこのような課題を抱えておられるようであれば、是非ご相談ください。
当行（庫）で親密にしている信頼性の高い建設会社もあります

279

し、ファイナンス面ではできる限りのお手伝いをさせていただきたいと思います。また、倉庫も建てられてから40年近く経過していますが、社長のお話しの中で、「製品仕入が納期に間に合わずに失注してしまうケースがある」（面談記録②＝③）ということをお伺いしたことに加え、今後も資材価格が上昇する傾向が続く懸念があることを勘案すると、倉庫スペースを拡充して製品在庫を増やしておくことも考えられませんでしょうか。（※2）

（※1 このようなセンシティブな事案に対して、「当行庫にお任せください」という軽はずみな言動は好ましくない。あくまでも"二人三脚で一緒に考えていきましょう"といったサポートする姿勢を示すことが安心感を与えます）

（※2 沿革からこうした提案に繋げる機会を見逃してはいけません。ただし、「古いから建替えたら」という安直な発想でなく、そこに「こういう問題がないかどうか」といった、建替え等に社長自らが意思決定をしていただく具体的事例を列挙することを忘れないことです。さらに他社の事例を紹介することで、より合意形成に近づけることが可能になります。）

社長：確かに年季は入っているだろ。この本社は私が当社に入社する前、親父が多額の借金覚悟で「でかい会社にするためには本社もしっかりしたものを作らなければならん」と言って建てた思い入れのある建物なんだ。そういう意味でなかなか新築には踏み切れなかったんだが、会社も大きくなって、つぎはぎだらけの建物で社員も働きにくさを感じていることだろう。システムインフラの対応も不十分だから、いい機会かもしれないね。もし、本社用地に最適な不動産があれば紹介してもらえないかね。

倉庫も君の言う通りかもしれない。かなり手狭になっているし、搬入出も不便だと改善要求がでていたところなんだ。今は

倉庫が離れていて不便なこともあり、できれば本社と倉庫を一体にした物件がいいかもしれない。

石田：承知いたしました。思い入れがある建物であればなかなか踏み切れないですよね。新本社に一部現本社の壁材や思い出の構築物を移されてはいかがですか。（※３）

当行（庫）の不動産部門や行（庫）内の不動産情報システムにも登録して当たってみたいと思います。具体的にご要望される立地条件、規模、予算などをご教示いただけますでしょうか。（※４）

（※３相手の気持ちに共感し寄り添うことが、担当者として求められる姿勢です）

（※４できる担当者は闇雲に物件を持ち込むのでなく、しっかり条件を聞きこんだうえで迅速に対応することです）

社長：少し時間をもらえるかな。一度役員とも相談して具体的な設計案を検討してから連絡させてもらうよ。

石田：了解いたしました。それではご連絡をお待ちしております。

あと、気になったことですが、最近首都電機グループ以外の製品の取り扱いも増やされている（面談記録②＝①）ほか、営業担当の方々の残業の恒常化（面談記録②＝⑥）といったお話しもありましたが、製品ラインナップも増える中で、受発注の管理の煩雑化やそれに伴う営業担当者の方々の負担増が残業の恒常化に繋がっていないでしょうか。それと、みなし残業での一律支給は構いませんが、それを超える労働があった場合、正当な残業代を払わないと労働基準法に抵触しますよ。早急な見直しをされないと……。（面談記録②＝⑥）

また、縦割り組織による属人化は、今後の貴社の経営拡大に歪みを生じる可能性もあるのではないでしょうか。さらに、人事制度についても少し気がかりです。今や、年功序列制度は時代

遅れかもしれません。当行（庫）でも年功序列制度は残しつつ
も、実績主義による行（庫）員のモチベーション向上を図って
います。評価制度も一方的な評価では、社員からも不満がでて
いるのではないでしょうか。貴社のビジネスにとって、社員が
最も大切な資産だと思うのですが。（面談記録②＝⑤）

（※事業性評価推進においては、このような定性的な懸念事項
についてもしっかりと認識したうえで、提案に繋げていかなけ
ればなりません）

受発注管理システムについては、当行（庫）の取引先でかなり
の実績を有してお客様に喜ばれている会社がありますのでご紹
介は可能です。また人事制度については、早急に整備をされた
ほうがよろしいかと思いますので、当行（庫）の人事部門にも
確認のうえ、行（庫）内かあるいは専門コンサルをご紹介しま
すので、一度ご面談ください。（※5）

（※5 社員の離散にも繋がりかねない重要資産に関するリスク
は、金融機関としても放置してはいけないことです。有無を言
わさず対応を取っていただくように仕向けていくべきです）

社長：確かにこれまで蔑ろになっていたことは事実だ。言われて
　　みれば確かにその通りだと思うので、人事制度の見直しとそれ
　　に併せた時間外対応についても、至急総務人事部の部長を加え
　　て相談に乗ってくれ。

石田：勿論です。これを放置されると組織運営に必ず支障がでて
　　くると思います。最優先課題として行（庫）内でも共有させて
　　いただきます。

　　最後にもう一点よろしいでしょうか。高齢化が進んでいるとの
　　ことですが、貴社の場合、技術者の確保が事業における重要な
　　ファクターだと思うのですが、若手人材の確保はどのようにさ
　　れているのでしょうか。

社長：実は、これも頭の痛い話でね。なかなかこの地域では人材

もいなくてね。なにか名案はあるかね。

石田：正直、どういうスキルの方を求められているのかわかりません が、まずは人材エージェントに相談することと、地元の技 術専門学校や工学部系の高校、大学に採用を依頼することで しょうか。場合によっては、最近は社長の後継者不足で廃業す る会社もありますので、同業者や下請けの会社で事業を譲渡し てもいいというところがあれば、買収することも一案かもしれ ません。もしよろしければ、具体的に必要なスキルなどをご教 示いただけば、行（庫）内の人材ネットワークバンクに登録す ることも可能です。

あとは、貴社のホームページを拝見しましたが、かなり古い感 じがしますし、採用ページがないですよね。一度ホームページ の見直しをされてはいかがですか。<u>必要でしたら、私の高校時 代の友人で格安でホームページのリニューアルをしてくれる仲 間がいますので、紹介しますよ。（※6）</u>

（※6すべて金融機関の取引先に限定するのではなく、お客様に とってベストな選択になるのであれば、個人的なルートを活用す るなど、あらゆるソリューションネットワークを構築しておくこ とが、結果的に担当者の信頼度を高めることになります）

社長：それはありがたい。是非頼むよ。今日は君に話を聞いても らって良かった。やはり石田さんは頼りになるね。他の金融機 関は、あいかわらず来社したら「金を借りてくれ」「投資商品 があるから検討してくれ」「困ったことがあったら連絡してく れ」といつも同じことの繰り返しだからね。とにかく、宿題は すぐに対応するので、またご足労いただくことになるが、宜し く頼んだよ。

是非、石田さんの会話の展開の仕方を参考にしていただいて、日常 の営業活動に活かしてください。

ステージ別(創設期、成長期、安定期、衰退期)アプローチの視点

　第9章では、企業のライフステージに応じたアプローチの視点について、ご説明したいと思います。（図表57）。

　特に斜線のところが、まだ金融機関の方々の対応が不十分ではないかと考えているところですので、この点に絞ってご説明いたします。

図表57　ライフステージに応じたアプローチの視点

	創設期	成長期	安定期	衰退期
事業判断				
経営者	斜線	重点	重点	斜線
定性要因		斜線	重点	斜線
定量要因		重点	重点	
売上支援				
自己購買	斜線	重点		
戦略提案	斜線	斜線	重点	
ビジネスマッチング		重点	重点	斜線
エリア拡大 新商品開発		斜線	重点	斜線
事業戦略（拡大・縮小・買収等）			斜線	斜線
財務戦略				
資金調達				
制度融資	重点	重点		重点
一般融資		重点	重点	斜線
ストラクチャードファイナンス		重点	重点	斜線
管理体制（生産、管理、コスト、システム等）			斜線	重点
組織体制（人事、制度等）				斜線
経営戦略（ビジョン、中期計画、人材等）	斜線	斜線	斜線	斜線
経営承継			重点	斜線

凡例：
- 銀行の既存重点項目（重点）
- 重要性が低いもの（白）
- 銀行が注力すべき（対応が不十分な）項目（斜線）

286

 **創設期**

(1) 経営者

　創設期は、会社組織もこれから整備していく段階ですし、財務デー
タもあまり参考になりません。一番重要なのは経営者のスタンスです。

　第2章でお伝えした「経営者としての資質を判断する50の視点」の
①ビジョン、②経営理念、③ミッション、⑤事業目的をヒアリングす
るとともに起業に至ったプロセスに一本筋が通っているかどうか、経
営者自らの言葉で確認してください。

　この言葉にみなさんが腹落ちするかどうかがまず判断の第一歩です。

　そのうえで、4Sと呼ばれる4つの項目をチェックしてください。

　これは、USJをV字回復させたマーケティングのプロである森岡毅
さん（現：株式会社刀代表取締役CEO）が提唱された戦略の良し悪し
を見極めるキーワードになります。

- Selective（戦略的かどうか）：やるべきこと、やらないことが
  明確に区別できているかどうか（つまり選択と集中です）。
- Sufficient（経営資源が十分かどうか）：人、もの、金等の事業
  活動を行ううえでの経営資源が十分に備わっているか。
- Sustainable（継続可能かどうか）：中長期的に維持できる事業
  なのかどうか。
- Synchronized（事業の特長との整合性はどうか）：経営者の強
  み、経験、技術などを有利に活用できているのか。

　これらをすべて満たしていることがベストですが、特にSufficientに

ついては、不十分なケースが多いように思います。

　これは、知恵を絞れば克服できる部分でもありますので、少なくとも最初にお伝えしたビジョン等の経営者の思いに賛同できることを前提として、残りの3Sに納得感があるかどうかです。

　もし、これらが満たされれば、私は金融機関として積極的に応援していただきたいと思います。なぜならば、ビジョン等の思いに一本筋が通っている経営者は、たとえどんな困難な状況においても、決して諦めず自分の描いたビジョンを実現しようと必死にもがき続ける中で、必ず最適解を見つけて事業を軌道に乗せるだけの執着心を持っているからです。

(2) 売上支援

　まず、彼らにとって最大の難関は、「自分の商品、サービス」を顧客に受け入れてもらえるための扉をこじ開けることです。

　みなさんも経験があるかもしれませんが、名も知れない会社のよくわからない商品やサービスについて、いくら性能や機能が充実していても二の足を踏んでしまうと思うのです。つまり「実績がない」という壁です。

　彼らにとってそれを取り払ってくれるパートナーの出現は最強の武器になります。

　資金力もなく、広告宣伝にかける資金もない中で、みなさんなら誰を頼りますか？

　その最大のパートナーになれるのが金融機関です。

　もし、名もない製品を金融機関の本店や支店のエントランスに置いていただくだけで、訪問する取引先の方々の目につきますし、関心を持っていただけるでしょう。また、金融機関が採用しているとなれば信用力も高まります。

　研修でベンチャー企業の支援事例を検討するワークを行うことがあ

りますが、これまで残念ながら「自行庫で使用して販路拡大の糸口にしてみる」という発想に及んだ人はいませんでした。多くの人は、「ビジネスマッチングで●●業界の会社を紹介する」「SNS等での発信を支援する」といった誰もが考える支援策しか頭に浮かんでこないようです。

　私が20代の頃に営業担当者として新規開拓を推進していた食品メーカーがありました。当社の商品は他社と差別化したパッケージに加え、自然食材をふんだんに使用した素晴らしい商品であったものの、当時は歴史も浅く地元限定での販売だったことから、私は「これを全国の人に知っていただきたい」と強く思い、まず仕組んだことは、「支店で開催される社長会のお土産にする」ということでした。

　かなり支店内でも議論がありましたが、なんとか実現させたところ、想定以上の反響があり、それに当社の社長は自信を得て、その後贈答用として全国の百貨店に展開することとなり、今や東証に上場する知名度抜群の企業に成長されています。

　また、戦略提案としては、第8章でご説明したクロスSWOT分析なども活用して、単発的な売上支援ではなく、俯瞰的な視点で、売上向上に向けたマーケティング戦略（どういう経路を優先するのか、誰を主要ターゲットにするのか、価格戦略をどうするのか、どういうプロモーションを講じるのか）を一緒になって知恵を絞ってあげることです。（これは成長期企業も同様）

(3) 経営戦略

　(1)でお話ししたビジョンをより具体化したものが戦略であり、それを具体的な実行計画として落とし込んだものが戦術です。

　創設期は経営者も多忙な上、財務的な知識に乏しい、つまり**「絵は明確に描けているが、具体的な数字に落とすことができない」**経営者**は多い**ものです。

289

　そこで、金融機関が、ビジョンに沿った戦略、戦術、それを財務数値に落とし込んだ事業計画の策定を支援するのです。

　当然、ビジネスとして有償で行えばいいと思いますし、なによりも入口から支援に携わることで、企業が成長した将来に向けて取引の囲い込みを図る絶好の機会になるのです。

2 成長期

(1) 定性要因、管理体制、組織体制

　企業が毎年成長を続けている場合、どうしても財務数値に目が向いてしまい、定性的な項目の確認が疎かになりがちです。しかし、成長している時こそ定性的なところに歪みがでやすいものです。

　中でも、社員が増加していく中で、これまでのトップダウン型の経営が機能しなくなり、各部門への権限移譲による自走型チーム・社員の育成が求められるようになってきます。

　そのためには、頑強な組織体制を構築していく必要があり、トップダウンだけでなくボトムアップによる組織活性化に向けた組織づくりや、社員のモチベーションを高める人事制度の整備などを行っていく必要がでてきます。

　また、属人化している組織を解体して、横断的な組織カルチャーに転換していくことも重要になります。

　さらに、生産管理、情報管理、コスト管理、人事管理、システム管理など、社内インフラや規程の整備も進めていかなければなりません。

　しかし、**成長企業の場合こうした課題への対処が後回しになっている傾向**があり、結果的に安定軌道に入った際に、その整備の遅れが命取りになるケースもあります。

　こうした兆候を冷静に見極めて、金融機関として「企業存続に向けた磐石のプラットフォームづくり」に向けたアドバイスを行うとともに、自行庫、グループ企業、提携先、取引先等のネットワークを活用した最適なソリューションに繋げていくことです。

291

(2) 財務戦略

　成長期においては、戦略的な在庫投資資金、販売強化による販売条件の譲歩、事業資産への先行投資などによって、資金ニーズが先行することから、これにタイムリーに対応することが必要です。

　経営者は、収益を高めるために積極的にこれらを推し進めるものの、資金繰りが追い付いていかず、黒字倒産に追い込まれるのもこのステージ企業です。

　こういう企業に対して、多くの金融機関は慎重になりがちで、中長期的な展望を踏まえた戦略の共有ができていないように思います。

　このステージ企業こそが、最も資金ニーズが高く金融機関にとってビジネス機会が膨らむチャンスなわけですから、事業判断の視点を見極めながら積極的な支援を期待したいところです。

292

(3) 経営戦略

　創設期の企業とは、やや趣が異なりますが、ビジョンの再定義、戦略の見直し、中期計画に基づくさまざまな資産計画、資金計画など、成長を続けるうえでの基盤となる志向の統一や事業構造の未来像に向けた体制整備を具体的に可視化することが必要になります。ここでも金融機関は資金提供者として、これらの実現性を客観的に判断したうえで、最適なポートフォリオの形成に向けたアドバイスを実施していかなければなりません。どうしても、このステージの場合、企業優位の立場で、言われたままに支援を行う傾向があるように思いますが、あくまでも客観的視点をもって対等な立場で物言う債権者として対峙することが、企業の持続性を高めることになるのです。

 安定期

金融機関の取引先の大半はこの安定期の企業ではないかと思います。

このステージの企業は、ある程度自己資本も充実しており、財務面から判断すると言い方は悪いですが、「安心できるが面白みに欠ける企業」と考えられる傾向があるように思えます。

しかし、**このステージの企業こそあらゆる視点からアプローチをするべき**ですし、企業も潜在的にそれを欲している可能性が高いと思っています。

293

(1) 定性要因、管理体制、組織体制、経営戦略、事業戦略

たとえば、第8章でとりあげた「株式会社滝川電機」は、まさにこのステージの会社です。

しかし、どうでしたでしょうか。課題は山積でしたよね。

確かに、直接的な融資という視点ではニーズは少ないですが、ここで定性的な項目を確認していく中で、さまざまな課題が炙り出されることになるのです。

このような企業は、確かに業績は安定していますが、もしかすると成長機会を逸している可能性もあります。

それを定性項目から確認することで、その原因が突き止められるかもしれません。

「株式会社滝川電機」の場合、人事制度の再設計、インフラ体制や受発注体制の再構築が課題として浮上してきました。

また、新たなビジネス環境の変化に向けた中期経営計画の策定、戦

略投資に向けた倉庫保管需要、さらに高齢化に対応するための事業戦略として M&A のニーズも確認できています。

　とにかく、「課題のない企業はない」という前提を疑わないでください。

　必ずビジネスの扉が開いていると考えて、臆することなくアプローチを行うことです。

(2) エリア拡大、新商品開発

　(1)にも関係しますが、業績が頭打ちになっている経営者は、通常次の一手を考えているものです。なぜならば、そうしなければ、次の衰退期のステージに入る可能性が高いからです。

　ただ、有能な経営者でも、高齢になってくると既定路線から外れることを回避しようとします。つまりこれまでの路線の延長線でなにかできないかと考える傾向が強くなるということです。

　第1章の「頼りたいと思える担当者とは」で発想力を鍛えることが重要だとお伝えしましたが、まさにみなさんの若い発想力が重要なヒントを提供することになるかもしれません。

　企業や企業の製品の持つ本質的な強み、機能、技術を生かして、新しいことに繋げられないか、新しい市場に打って出れないものか、という視点で経営者と膝を突き合わせて議論するのもいいかもしれません。

294

衰退期

　売上は減少傾向、利益はわずか、或いは赤字状態が続いているような衰退期のステージにある企業に対して、多くの金融機関の方々は妙味を感じるどころか、いかに早く撤退するか方策を練っていることが多いのではないでしょうか。

　確かに、放漫経営で業績が傾いた企業の場合、それもひとつの選択肢でありますが、重要なことは、「現在という切り口で見た場合業績不振である」ということであって、「将来も業績不振が続く」とは限らないということです。

　３の安定期の企業と同様に、定性的な項目における問題がネックとなって、社員や顧客の離反により業績不振に陥っている可能性もあります。

　その場合は、定性要因が抜本的に改革できれば、再浮上する可能性もあり得るのです。

　「金融機関は晴れの日には傘を貸して雨の日には傘を取り上げる」と揶揄されますが、是非この言葉に反駁できる金融機関が増えてほしいものです。

　こういうステージにある企業に対しては、「リストラをしろ」「利益を上げろ」「担保をよこせ」と無責任な要求をするのではなく、実態に則した具体的なアドバイスをするのが金融機関の役割です。

　これからの時代において国内経済が人口動態的に考えて飛躍的な成長が期待できない中で、このステージの企業は増えても減ることはないと思いますが、**金融機関の姿勢次第で、私は多くの企業が再浮上のチャンスを掴める**ものと信じています。

　それは、当該企業単独なのか、あるいは他社との連携によるのか、

他社の仲間入りをするのか、さまざまな方法があると思いますが、まずは、そういう事態に陥っている原因を定量、定性的な両面から診断することです。

　もし、その原因が特定できたならば、課題は明確になります。

　課題を企業と共有して、課題推進に向けた企業のコミットメントが取れたならば、再生計画の策定の下で、金融機関として成し得る対策を徹底的に支援することです。

　３の安定期の企業とも共通しますが、**再浮上の最大のカギになるのは「改革：破壊的イノベーション」**ですので、そのアイデアを生み出すためのあらゆるサポートをすることです。

　もし、その企業がその金融機関の支援のもとで再生を果たせば、その後の再成長の機会における揺るぎないパートナーとしての地位が保証されるはずです。

第10章

中小企業の課題を引き出す 100のチェックシート

　ここまでご説明してきた中で、企業に対する事業性評価推進による課題抽出型ソリューション提案へのアプローチをご理解いただけたものと思いますが、これを現場ですぐに実践するのはなかなか難しいことです。

　そこで、私が作成したものが、「中小企業ヒアリングシート"100"」になります。（巻末に掲載）

　本来のソリューション営業のプロセスは、第1章の「問題解決思考を意識する」でお示しした図表3の通りになりますが、図表58の通り、**「中小企業ヒアリングシート"100"」を活用することで中小企業のかかえる課題を概ね網羅**することが可能になります。

図表58　中小企業ヒアリングシート"100"を活用した問題解決プロセス

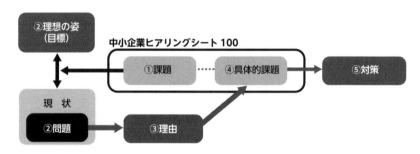

① 課題を特定する
② 特定した課題から問題の所在とともに理想の姿を確認する
③ 問題と認識している（理由）を明らかにする
④ 課題をより具体的に特定する
⑤ 課題を踏まえてソリューション（対策）を提示する

　ですので、この100項目をひとつずつ経営者からヒアリングすることで、現在抱えてる問題、課題、理想の姿（あるべき姿）を確認することになります。

　尚、重要なことはその「原因、理由」がなにかを特定することです。

　この「原因、理由」が納得のいくものであるのかどうかを判断せずに、課題に取り組んでしまうと、企業を間違った方向に誘導すること

にもなりかねません。

　「原因、理由」が本当に企業の理想の姿（あるべき姿）に繋がることに確信が持てたなら、次に具体的に「何を、どのように、いつまでに、どこで、誰に対して、どの程度の予算で行うか」を確認することで、よりソリューションの精度を高めていきます。

　これまでに、法人営業力強化にかかる研修でこのシートを活用いただいていますが、徹底的に活用いただいた金融機関においては、目まぐるしい成果に繋がっています。

　ただし、すべての取引先に活用するのは現実的ではありませんので、まずは1社選定して実践していただき、それを少しずつ重ねていく中で、自然とソリューション営業の手法を自分のものにしていただけるものと考えています。

最後に

　私は、金融機関に就職し25年間銀行員を務めてきました。

　その中で最も悔しい思いをしたのは、1998年、勤めていた長銀が見る見るうちに状況が悪化し、国有化という実質破綻状態になったことで、金融機関としての使命を果たせなくなり、借入金の回収のお願い、所有いただいている株式が紙切れになったことへのお詫び、といった後ろ向きな営業しかできなかった時です。あの時ほどみじめな思いをしたことはありません。しかし、みなさんはそのような制約のないなかで、自行庫で保有する資産、資金、情報、智恵、人材などを活用して、さまざまなソリューションを展開できる機会に恵まれているのです。わたしは研修でよくお話ししますが、「まずは「やり方よりもあり方」を意識して、お客さまと向き合いなさい。そしてじっくり話を聞いて、どうすればお客さまに喜んでいただけるのか血がにじむくらい真剣に考え、悩みなさい。そうすれば、必ずお客さまはあなたを信頼して頼ってくれるはずですから」と。

　とにかく、お客さまの立場で考えて、試行錯誤を繰り返して自分なりの考えを提案に繋げていくことは、創造的な仕事ですし、そうした真摯な姿勢に対して必ずお客さまは感謝の言葉を投げかけてくれるはずです。

　そうすれば、仕事が楽しくなって、もっとハードルの高い課題にチャレンジをしてみたいとモチベーションも高まるはずです。

　決して、金融機関の勝手な都合や思い込みによる営業をしないでください。無意味なアポなしドアノック営業もしないでください。セールスマンに成り下がらないでください。

　ぜひ、本書でご紹介したさまざまな内容をしっかりと学んで身につけていただき、まずは徹底的に実践すること、そしてこれらを応用した独自のスタイルを作っていくこと、そしてさらにそのスタイルに磨きをかけてい

ただき、本書の内容を超える「地域になくてはならない、地域に名を刻むくらいの営業担当者」になってください。

　ひと手間と汗をかくことを惜しまない担当者に対しては、必ず最後にご褒美としてお客さまから、「あなたに担当してもらって本当に良かった！」「またこの支店に戻ってきてくださいよ！」という感動に値する言葉をいただけることでしょう。

　みなさんが法人営業を通じて、人として、金融マンとして、法人営業担当者として、さらに成長し成功されることを心より祈念しております。

株式会社 LTCB ネットワークス

代表取締役　滝川　秀則

以上

参考文献：
滝川秀則著　「人づくりのためのリーダーシップ実践術」金融財政事情研究会　2013 年
滝川秀則著　「事業性評価融資推進とソリューション営業」ビジネス教育出版社　2018 年
森岡毅著　　「USJ を劇的に変えた、たった一つの考え方」角川書店　2016 年

中小企業ヒアリングシート "100"

	企業名		
		ソリューション部門	ニーズ
売上向上施策			
	販路を拡大したい		
1	販売ルートを拡大したい		
2	販売地域を拡大したい		
3	販売顧客を拡大したい		
4	BtoB(BtoC)へ展開したい		
5	海外展開を図りたい		
6	販売拠点を増やしたい		
7	商品の付加価値を高めたい		
8	商品性を多様化したい		
9	WEB戦略を実施したい		
10	SEO対策を実施したい		
事業拡大／縮小			
11	本社移転·取得／売却を行いたい		
12	支店等拠点を拡大／縮小したい		
13	工場の新設／増設／縮小を行いたい		
多角化戦略			
14	新規ビジネスを行いたい		
15	関連ビジネスを拡大したい		
16	企業買収を行いたい		
17	事業提携を行いたい		
開発戦略			
18	新技術(商品)を開発したい		
情報収集			
19	顧客情報を入手したい		
20	顧客満足度を高めたい		
21	他社情報を入手したい		
22	他業界の動向を入手したい		

ヒアリング相手		ヒアリング年月日	
具体的な課(WHAT、HOW、WHEN、WHERE、TO WHOM)	課題の起因（WHY）	提案内容	具体的アクションプラン

23	市場動向を入手したい		
24	地域情報を入手したい		
25	海外情報を入手したい		
財務改善			
26	資産の有効活用を行いたい		
27	在庫削減を行いたい		
28	効率的資金運用を行いたい		
29	決済条件を改善したい		
30	財務比率を改善したい		
31	借入金返済負担を軽減したい		
32	不採算事業を売却したい		
資金調達			
33	資金コストを引き下げたい		
34	新たな資金調達手法を実施したい		
35	補助金·制度融資などを知りたい		
36	担保に依拠しない調達をしたい		
37	安定した資金調達を実施したい		
38	増資をしたい		
管理体制			
39	資金決済を効率化させたい		
40	収益管理体制を構築したい		
41	生産管理体制を構築したい		
42	販売管理体制を構築したい		
43	在庫管理体制を構築したい		
44	物流管理体制を構築したい		
45	システム管理体制を構築したい		
46	リスク管理体制を構築したい		
47	コンプライアンス態勢を構築したい		
48	人事管理体制を構築したい		
49	財務管理体制を構築したい		
50	グループ管理体制を構築したい		
51	販売先審査体制を構築したい		

生産体制			
52	設備を増強させたい		
53	設備効率を高めたい		
54	設備を合理化したい		
55	調達先を多様化したい		
56	調達コストを引き下げたい		
コスト削減			
57	省エネを実施したい		
58	間接費コストを抑えたい		
59	資材調達コストを減らしたい		
システム体制			
60	IT活用を実施したい		
61	ITによる管理体制を構築したい		
62	セキュリティーを強化したい		
63	DXの推進による効率化を図りたい		
人事・採用			
64	組織力を強化したい		
65	社員の活性化を図りたい		
66	パートの戦力化を図りたい		
67	安定的雇用を図りたい		
68	中途採用による戦力化を図りたい		
69	女性の活躍を推進したい		
70	人事制度を構築（見直し）したい		
71	退職金制度を導入（見直し）たい		
72	年金制度を導入（見直し）たい		
73	福利厚生を充実させたい		
戦略策定			
74	経営戦略を策定したい		
75	販売戦略を策定したい		
76	商品戦略を策定したい		
77	マーケティング戦略を策定したい		
78	ブランディング戦略を策定したい		

79	SDGs戦略を策定したい		
事業承継			
80	後継者を確保したい		
81	後継者育成を実施したい		
82	事業を整理したい		
83	資産承継をスムーズに行いたい		
84	経営承継をスムーズに行いたい		
経営体制			
85	ビジョンを策定したい		
86	事業計画を策定したい		
87	組織改革を行いたい		
88	外部人材を登用したい		
89	監査体制を強化したい		
ネットワーク構築			
90	異業種の方々と交流したい		
91	官・学とのパイプを築きたい		
92	ビジネス連携の場を作りたい		
その他			
93	地域貢献を行いたい		
94	社会貢献を行いたい		
95	節税を行いたい		
96	格付けを取得したい		
97	ISOを取得したい		
98	外部委託を行いたい		
99	当社の認知度を高めたい		
100	頼れるパートナーがほしい		

（著者紹介）

滝川　秀則（たきがわ　ひでのり）

1984年神戸大学経営学部卒。

㈱日本長期信用銀行（現・新生銀行）入行。その後、㈱日本興業銀行（現・みずほフィナンシャルグループ）、㈱東京スター銀行にて、25年間にわたり株式、為替等のマーケット業務、大企業から中小企業まで幅広い法人営業業務を経験。

2009年以降、財務系コンサルティング会社のマネージングディレクター、医療系コンサルティング会社の財務責任者（CFO）を経て、2012年9月に株式会社LTCBネットワークスを設立し、代表取締役に就任。

大企業から中小企業に至るまで幅広い企業を対象に経営アドバイザリー業務を提供しているほか、金融機関を中心にリーダーシップ研修、マネジメント研修、法人営業力強化研修など多様なテーマで組織力強化、人材育成のための研修・セミナーを実施している。

[著書]
● 『事例に学ぶ法人営業の勘所』（共著：金融財政事情研究会　2010年2月）
● 『ひとづくりのためのリーダーシップ実践術』
　（金融財政事情研究会　2013年12月）
● 『融資力トレーニングブック　事業性評価融資推進とソリューション営業』
　（ビジネス教育出版社 2018年2月）

経営者と語り合える　事業性評価推進ハンドブック

2022年9月5日　初版第1刷発行

著　者　　滝　川　秀　則
発行者　　中　野　進　介

発行所　　㈱式会社 ビジネス教育出版社

〒102-0074　東京都千代田区九段南4-7-13
TEL 03（3221）5361（代表）／FAX 03（3222）7878
E-mail▶info@bks.co.jp URL▶https://www.bks.co.jp

印刷・製本／シナノ印刷株式会社
装丁・DTP／有留　寛
落丁・乱丁はお取替えします。

ISBN 978-4-8283-0970-5